光文社知恵の森文庫

山田玲司

年上の義務

光文社

本書は『年上の義務』（二〇一六年　光文社新書）を加筆・修正し、文庫化したものです。

※本書の時制は基本的に底本刊行時である二〇一六年を現在としております。また、近年の観点では好ましくないとされる表現が一部に含まれておりますが、原典を尊重する立場から、そのまま掲載いたしましたことをご了承ください。

（編集部）

プロローグ

先に生まれただけで偉いのか？

あなたは自分より年上の人をどう見ているだろうか？

「お世話になってます」とか、「尊敬してます」と言いながらも、「面倒くさいヤツ」とか、「また同じ話してやがんな」などと、腹の中でバカにしてはいないだろうか？

だとしたら、自分にも「年下の人間」はいるわけだから、同じように「あの人に逆らうとめんどくさいけど、つまんないヤツだよな」なんて、そう思われている可能性は大いにあるわけだ。

「若いヤツはダメだ」という話はうんざりするほど耳にする。

昔から年上の人間は、年下の者が「未熟で甘えた存在」に見えて仕方ないものらしい。

だが、「最近の年上はダメだ」という話はあまり耳にしない。

当然だ。年下は年上に意見を言えない。迂闊《うかつ》に年上の悪口を言って、それが年上の耳に届くと損をするからだ。

「年長者は絶対である」という江戸以前からの儒教的教えが体育会系のノリとして残ったこの国では、「年上」というだけで、逆らうことはできないのだ。

しかし、どんなに人間的に未熟でも、**「年上というだけで偉い」ということになっているというのは、考えてみるとおかしな話だ。**

「成長しない年長者」も「早くから老成《ろうせい》した若者」もいるのに、そんなことは関係なく、「年齢」で偉さが決まってしまう。

年下は義務だらけ

そんな空気の中、年下がやるべきこと、守るべきルール、つまり「年下の義務」は大量にある。

礼儀ひとつとっても、上下関係は中学生くらいから始まっていて、13歳の後輩は14歳の部活の先輩に神のように従う。仕事で出世したり、企業のランクや部署の格が違うと、その関係は微妙に変化するものの、基本は年上が絶対。年下が「してはいけないこと」「しなくてはいけないこと」は死ぬほどある。

この国にあるのは、「年下の義務」ばかりだ。

では「年上の義務」はどうだろう？

圧倒的年上有利のパワーバランスのせいで、年下が年上にモノを言うことはできない。しかも年上は年下に対して謙虚になるべきだなど、その手の話はめったに聞かない。せいぜい聞いても、「実るほど頭《こうべ》を垂れる稲穂《いなほ》かな」くらいだろう。

年上のほとんどは、その立場にあぐらをかいて「自身の義務」などについては考えもしないのだ。

しかし、そんな年上の態度を、年下の人間はしっかりと見ている。

しかも、何も言わない。言えないのだ。

こうなると、恐ろしいことに**年上は、増長して「年上暴君」になっていく。**

そして、「年上暴君」になっていけばいくほど、年下からの大事な情報は入らなくなっていく。

つまり時代に取り残されていくのだ。

いい気になって「最近の若いヤツ」に意見しているうちに、陰で「**あいつ終わってるよな」と笑われることとなる。**

はっきり言ってこの国の「年上の人間」は相手にされていないのだが、自らがバカにされていることに、年上は気がつかないのだ。

消えた年長者の義務

「年下が年上を敬うのは当然だ」と言う人もいるだろう。

それはそうかもしれないが、多くの国では「年長者たるものかくあるべき」という、ある種の「義務」がある。

過去の日本にも、そういった「年上の義務」というものはあった。

外敵から村を守ってきたのは、未熟な後輩ではなく、責任を背負った先輩だった。お腹を空かせた子供たちに、優先して食料を与えるのも「年上の義務」だった。年上の人間は自分が腹を空かせていても、弱い者を守る「義務」があった。『機動戦士ガンダム』のランバ・ラルという上官が、部下やその家族のために犠牲になるエピソードがいまだに語られるのは、その頃の「正しい年上の姿」がそこに描かれているからだろう。

かつての「年上」は我慢強く、後輩の成長を見守り、背中で教え、最後の責任を自ら負う覚悟ができていたのだ。

ところが、今日では、様々なものが摩耗して、思考停止の倦怠《けんたい》の空気の中、「年上たるものこうありたい」という理想が消えかけている。「先輩だからおごる」くらいの儀礼的な決まりは残っていても、あくまで「形式」として残っているだけだ。

そして、その「年上は偉い」という無条件のルールの下でやりたい放題やっている、「馬鹿にされる大人」が大量にいるのだ。

「尊敬できる人」とは、どんな人か？

僕は「人生の成功者」と誰もが認める様々な人に会って話を聞き、漫画にするという連載を10年ほどしてきた。

それは、週刊ヤングサンデーに掲載された『絶望に効くクスリ』という連載で、出会った人の多くが僕より年上であり、心から尊敬させてくれる人たちだった。

作家の瀬戸内寂聴さんや、医師で探検家の関野吉晴さん、作曲家の坂本龍一さん、ダンサーで振付家のアキコ・カンダさん……。

彼らには「いくつかの共通点」があった。

そのひとつが、「**偉ぶらず、年下の人間をバカにしない**」ということだった。

機嫌よく話をしてくれて、こっちが話しやすい「寛容な空気」を作ってくれるのだ。

なので、こっちもつい普段あまり人に言えないような「本当のこと」を話してしまう。

おかげで初対面にもかかわらず、お互いに深い理解を得られることが多かった。

この国にも尊敬できる態度（生き方）で、年下の人間にちゃんと「尊敬させてくれる大人」がいるのだと気づかされる体験だった。

無言のまま、年下に見下されないために

もしも年下の人間にバカにされたり、無視されたくなかったら、年上にも年下に対する「しかるべき義務」があるはずだ。

そんなことを考え始めた僕は、「年上の義務とは何か」について、いくつかの結論に達した。

その中心になるのがこの3つだ。

「**愚痴らない**」
「**威張らない**」
「**ご機嫌でいる**」

挙げようと思えば他にもいろいろあるのだけど、本質的なものはこの3つに尽きると思う。実際、ネットで公開してみると、多くの反響があった。

おそらくこの3つは、今の「意見を言わせてもらえない若者」にとって、「理想の年上像」の最低条件なのだろう。

反面、「聖人君子かよ」とか、「私は愚痴るし、威張るし、不機嫌にいく。鉄拳制裁もするのが年上なのだよ」みたいな意見も届いた（僕はこういう人の下では働きたくない）。

とはいえ、僕自身も「それを完璧に実践できているか？」というと、義務を果たすのが難しいときもある。

それでも、年下の人と会うときは常に「年上の義務」について意識するし、その実践ができない心理状態だったりするときは、なるべく彼らと距離を取るようにしている。

人間は必ず「年上」になる。

そのときに備え、年上の義務について真剣に考えなければ、「不幸な人生」にまっしぐらだ。

残念なことにこの国の多くの人が、年上として尊重されていないだけでなく、

いないものとして無視されている。

あなたは「相手にされない年上」になっていないだろうか？

年上の義務　目次

第3章 愚痴らない

第4章 威張らない

第8章 「年上の努力」がすべてを変える　165

本文デザイン　bookwall

第1章

「バカにされる」年長者

▼辞め際のバイト君に「あんた最低だね」と言われる店長

かつての野球部といえば、先輩後輩の年功序列にはすさまじいものがあった。僕の高校の野球部では、一年生は奴隷で、二年生は人間、三年生になると神になる、という不文律があった。

これは能力や人間性なんかを完全に無視して、年上であることが「絶対的」という世界観だ。初めはただただ礼儀正しく、命令に従って我慢さえすれば、どんな人間でも年が上がっていくにつれて自動的に「神」になれる。

「何も考えなくても偉くなれる」世界。要するに保証のある「楽な世界」だ。儒教由来のこの考え方は、少し前まで、軍隊や会社、学校といったあらゆる組織を支配していたわけだ。

しかし、現代の結果至上主義の世の中では、もはや「年上なら誰でも神になれる」なんていう呑気《のんき》な考え方はとっくに終わってしまっている。

人は様々な基準で評価されていて、「年上だから」というたったひとつの理由だけでは、尊敬なんかされるはずもない時代になっているのだ。

それでも、組織の中では権力を持っている人間に逆らうと、ポストがもらえなくなったりしてしまうので、一応年下は「形として」年上を敬うようなフリはする。だが、年下は「ただ」の「年上」を本心から尊敬などしてはいないだろう。

そんなわけで、ただの店長に過ぎない年長者が、年下のバイト君を上から「指導」なんかをするつもりで偉そうにしていると、そのバイト君から、辞めるときに「ずっと言わないでいてやったけど、お前、人として最低だな」なんて捨て台詞を吐かれたりするのだ。

それは、昔ながらの「長幼の序」といったような「年上絶対主義」を馬鹿みたいに信じている人間が経験する悲しい洗礼だ。

▼「年上絶対主義」から離れられない人

ＳＮＳ最大手・フェイスブックの創始者マーク・ザッカーバーグを主人公とした『ソーシャル・ネットワーク』という映画では、権威を持たない若者の「アイデアと行動力」に「思考停止」の年長者たちが粉砕される様が描かれている。

ハーバード大学ブランドを活かした交友サイトのアイデアを盗まれたとザッカーバーグ氏を訴える年上のウィンクルボス兄弟は、どうにか「紳士らしく」ザッカーバーグ氏をやり込めようと、大学理事に讒訴《ざんそ》するが、元財務長官の理事は「ハーバードの精神に反する」と話に耳を傾けようともしない。ついに兄弟は業を煮やし、335年前からある部屋のドアを壊して出て行く。

他にも映画の中でザッカーバーグ氏に駆逐される人たちは、「伝統を重んじる」と言えば聞こえはいいが、それこそ「思考停止の権威主義者たち」で、「アイデアや行動力」より、権威を持つ年長者が絶対だと信じ込んでいる。

ウィンクルボス兄弟しかり、「先輩」という立場を利用して若い芽を潰そうとする彼らは、若い者も含めて「老害」として描かれている。

現在、先進国の経済は軒並み停滞を続け、日本も例にもれず、生き残る道は「イノベーション（革新的な試み）」しかないとさんざん言われている。この「イノベーション」そのものについても、後ほど考えてみようと思うけれど、まさにそのボトルネックとなっているのも、**「考えないで威張っている年長者」**だ。

そしてたちの悪いことに、そうした年長者たちは、自分たちを「老害」として**若い世代がとっくに見捨てている**ことにも気づいていない。

「老害」と言われる年長者たちは、「俺たちの時代はこうだった」と、自分の昔話（自慢話）と、現代の状況を比較し、「だからお前たちはダメなんだ」といって、すでに役に立たなくなった、かつての「やり方」を押しつける。

変化する現実社会に自分自身が対応できていないことを受け入れられない、または、それに気づいてもいない人間がそこにいる。

自分を「アップデート」できないまま、「年上である自分を無条件に尊敬しろ」という哀れな人間が、「成果を出せ」と言いながらイノベーションを邪魔しているのだ。

▼価値がなくなった「Windows95おじさん」

僕の知り合いに、中学生の頃からイノベーションを自分自身の発想で起こし、それを即実践する逸材がいる。

彼は基本的に、「根性」など根拠のない精神論では行動しない。

アイデア一発で行動を起こすのだが、いちばんすごいと思ったのは、東京・秋葉原にビジュアル系カフェをオープンさせてしまったことだ。

イベントの仕事もする彼は、そっちの関わりで、秋葉原にあるメイドカフェの店員と話す機会があり、聞いてみるとメイドさんたちは、仕事が終わると新宿に行くという。メイドにはビジュアル系バンドが好きな女子が多く、特定のバンドの追っかけをするためにそれらが盛んな新宿に行くそうだ。

ビジュアル系のバンドメンバーが集まるようなライブハウスなどが秋葉原にないから、わざわざ電車を使って新宿に移動している。だったらその受け皿を秋葉原につくってあげればいいんじゃないかというアイデアをすぐに考えついた。メイドカフェのビジュアル系版だ。

もともと彼は、ビジュアル系バンドの面々が、実はアルバイト先に困っていることも知っていた。

髪を金髪やピンクに染めていては、コンビニなどいわゆる普通のアルバイト先にもなかなか雇ってもらえない。しかもライブがあるため、不定期でしか働くことができない。アルバイトしたくてもできない人たちがたくさんいる実情に気づいていたのだ。

そこで、パッとしない傾いたメイドカフェに目をつけ、それを居抜きで引き継ぎ、それをそのままビジュアル系カフェに転用してしまった。

ビジュアル系カフェを新たにつくったことで、思いもよらない新たな雇用が生まれ、アルバイト先に困っていたバンドの面々からもバンド好きのメイドたちからも感謝されるウィン・ウィンの結果をもたらした。

いくら有名でも背に腹は代えられないから、ビジュアル系の伝説のアーティストまでその店で働くことになり、店は大繁盛。ついに渋谷にも支店を出す勢いとなったのだ。

彼の成功に驚いたのは、「秋葉原＝メイドカフェ」という発想しかできなかった「古い頭」の経営者たちだった。

従来の発想ではどうにもならないという「結果」を見せつけられた経営者たちは、彼に、「うちも何とかして欲しい」と泣きついてきたそうだ。

このように、目の前の問題を斬新な発想で解決する若者たちにとって**過去の成功体験にとらわれたまま何も起こせない年長者は、進化が急速なパソコンにたとえるならばいまや時代遅れのＷｉｎｄｏｗｓ95のように見えるだろう。**あれだけ熱狂的に買われたＷｉｎｄｏｗｓ95だが、今や「使えない」ガラクタとしてあつかわれている。

そんな「Ｗｉｎｄｏｗｓ95おじさん」が、自分はまだ「最新」だと思い込み、自分は若くて価値があると勘違いしているとしたら、なかなか恐ろしい。

▼消えた「金八先生」

大人気だったテレビドラマ『3年Ｂ組金八先生』（ＴＢＳ系）の脚本家は、戦前戦中を生きた小山内美江子さんだ。

小山内さんの取材をしたときにいちばん印象に残っているのは、彼女の父親の話だ。

戦時中、誰もが日本の勝利を信じ、彼女もまたそれを信じる典型的な軍国少女だったという。

そんな時代の中、彼女の父親は、「この戦争は負けるよ」と言っていたらしい。小山内さんはこのときのお父さんの言葉が忘れられないと語っていた。

「時代の空気に流されず、自分で自分の考えを持てる年長者がいた」ということが、彼女の脚本にとって太い軸となっているのだと思う。

また、金八先生はアウトサイダーの印象だけれど、実は「正しい大人」でもある。

その他、ドラマには、校長先生をはじめ、多くの「尊敬できる大人」が出てくる。それは小山内さんがかつて「尊敬できる大人たち」に囲まれて育ったゆえだろう。

そこで描かれる生徒たちもまた、大人に対して反抗しつつも心を開き、やがて尊敬の念をいだくようになって、ついていこうとする。

そんなドラマがかつての日本にもあったのだ。

ところが近年、そんな世界観は「嘘臭い」とみなされ、共感されなくなってきた。

単に若者に迎合する目的で、「今日は天気が良いから公園で授業をしよう」などと金八流を持ち出そうものなら、「そういうのいいから」と冷笑される。大学出たてで自分といくつも違わない教師が、ただ背伸びして虚勢《きょせい》を張って吠えているにすぎないことを今の生徒たちは見透かしているのだ。

「金八スタイル」の神通力《じんつうりき》に頼れなくなった現代では、教師たちの思いも空しく、結果としてどんどん生徒たちと気持ちは乖離してしまっている。

そんな時代状況を反映し、今のドラマで描かれる教師は、『女王の教室』（日本テレビ系）の阿久津先生のような冷徹に現実を語るキャラクターとか、あるいは『鈴木先生』（テレビ東京系）の鈴木先生のように自分自身が「まともではない」不安定な人物となった。

今や若い世代になればなるほど、「先生」という職業を信用しなくなっている。

「金八スタイル」は、かつて「年上」が尊敬されていた時代の歴史的遺物になってしまったことを肝に銘じなくてはならない。

▼「年下がわからない」のは危機的状況

人は自分の親のことがどれだけ嫌いでも、他人に自分の親を否定されると嫌な気持ちになる。

それは、親が（遺伝子的にも）自分の分身であると同時に、**「本当はいちばん尊敬したい人物」**だからだ。

子供は相対的に経験が少なく、世界が狭いぶん、ささいなことでも「すごい」と感じるものだ。

運転ができたり、楽器が弾けたり、アルミホイルで怪獣を作ってもらっただけで、「この人すごい」と思ってしまう。

特に自分の親は、自分にとって特別な存在なので、できるだけ「すごい人」であって欲しいと思っている。

ところがそんな子供の期待を裏切り続ける親が今は多い。

幼児をアパートに放置して、餓死させるようなインモラルな親、といった報道も途絶えることがない。

一方で、自分の人生の補完（復讐）を自分の子供でしようとする親も絶えない。ステージママのように、自分自身の人生を改革することを放棄して、子供に必要以上の多大な期待を寄せて、命令とダメ出しを与え続けるのだ。

ここで子供が「愛されたい（認めてもらいたい）から、何でも言うことを聞く子」になってしまうと、かわいそうなことにその子供はやがて「自分を見失った大人になる」のだ。

自分の意思を殺して親に従ってきたのに、結果的にうまくいかなくて、「全然幸せじゃない」と感じる大人になってしまうと、この気持ちはなかなか解決できない。

そのうえ、親だけでなく、他者や社会に不信感を抱いたまま生きていくことになる。

この問題の核は、**「本当は誰より尊敬したかった大人が、尊敬させてくれなかった」**ことにある。

自分の人生は大したことないのに、自分の子供には多大な期待と圧をかける親は、子供に、年上の人間には基本的に「がっかり」させられるもの、という刷り込みをしてしまうのだ。

そんな彼ら、彼女らは、他の世界に「尊敬できる対象」を探す。

それはアイドルやスポーツ選手だったり、ミュージシャンや小説家、芸人だったり、アニメのキャラだったりする。

誰かが創っているとはいえ、実際には存在しないアニメのキャラクターでさえ、彼ら、彼女らは、「尊敬できる対象」として信じ、受け入れる。他方、生身の人間である大人の言葉には真剣に耳を傾けようとはしない。

結果、大したことない人生を生きているくせに、偉そうに「古い教え」を垂れる「年上」は、もはや「存在しないこと」にされるのだ。

彼ら年下は丁寧でありながらぞんざいな「敬語」で、「お疲れっス」とか、「マジッスか？」「ありがとうございますー」などと言って、**相手にしているように見せて、年上をかわすのだ。**

変に反発したら、つまらない説教が長くなるだけだとわかっているので、反論もしない。

心の中で「Ｗｉｎｄｏｗｓ95のくせに」と嘲笑《ちょうしょう》していても、決してそれを表に出さない。

もちろん人生の悩みなど相談しても、そんな「古くてセンスのない年上」が、満足いく答えをくれたり、話を聞いて受け入れてくれることなどあるはずはない、と思っているのだ。

こうなると、もはや「年上」はただただスルーされる。**最悪なのは「年上」たちが、その「スルーされていること」にすら気づかないことだ。**ついには「**最近の若いヤツは何考えてるかわからない**」**と言い出すのだ。**

実際には、何も考えていないなんてことはあるわけなくて、若者は多くのことを考え、悩み、行動をしているのだけれど、年上の人間にはそんな部分は見せていないだけなのだ。

＊　　＊　　＊

ここまで読んだ方の中には、「ふざけるな、日本をここまでの国にしたのは俺たち年上の人間なんだ。何も知らない若いヤツが偉そうに言うな！」と年下に言いたい人もいるだろう。

ところが、すべての若者が年長者をバカにしているわけではない。「年下」は、本心では年上を尊敬したいと思っているので、偉ぶらず、年下の人間を馬鹿にしない尊敬できるわずかな年上の人には謙虚に心を開いているのだ。つまり、「若いヤツ」がわからない人（心を開いてもらえない人）とは、「尊敬されていない人間」ということなのだ。

それは、かつて存在した「年長者たるもの」という「年上の義務」を果たすことなく、「年上の権利」ばかりを振りかざし、「がっかりさせてきた」ことに原因がある。

　では、まずはどういう過程をたどって若者は年上をブロックしていったのかを見ていこう。

第1章のまとめ

◆年上絶対主義から卒業せよ

◆過去の成功体験にとらわれるな

◆年下がわからないのは「尊敬されていない」人間

第2章

若者は「劣化」していているのか？

▼子供たちの失望

かつてこの国には、「わかりやすい不良」という人たちがいた。

特に80年代の「不良」はわかりやすくて、自分たちを「大人」や「つまらない社会人」とは違う「反抗する子供」と称して踏ん張っていた。

大映テレビドラマの『スクール☆ウォーズ』や『ヤヌスの鏡』に代表される、この時代のテレビドラマは、大人と子供、不良と真面目、と対立構造がシンプルだった。

おそらくは、「体制」と「反体制」に分かれていた前世代の構造が、局地的なもの（ローカル化した）に変わったのだろう。全共闘世代の失敗と、その多くがたどった無残な経緯を見ていた彼らは、政治や社会に楯突くことへの無力感から、「身近な大人」に刃向かうようになっていったわけだ。その代表が暴走族で、彼らは社会を変えようなどとは思っていなかった。

ただ「ムカつくから自由にやりたいんだ」という主張のみで、存在をアピールしていたわけだ。

ところが90年代になると、「不良」というものがわかりにくくなっていく。家や学校では真面目な「いい子」が、裏では凶悪犯罪に手を染めるようになっているというニュースが目につくようになった。

当時も「ギャング」や「チーマー」など、暴走族文化の延長のような現象は見られるのだが、数は少なく、一部の人だけのもの、といった感じがあった。

他方、「いい子」のフリをした「もう一人の自分」を持つ子供たちも数を増やしていく。

外で友達と遊ばなくなり、家でゲームに没頭するようになった子供は、ゲームを買ってもらいたいがために、親の言うことだけは素直に聞く。言うことを聞くいい子がまさか問題を抱えているなど、親はつゆほども思わない。

そして95年の『新世紀エヴァンゲリオン』の登場で、その「闇の心を持つ子供たち」はマジョリティに変わるのだ。

主人公の碇シンジは14歳。国連直属の特務機関NERVの総司令官を務める父・碇ゲンドウの命令で、人型兵器エヴァンゲリオン初号機のパイロットとして、人類の敵、使徒と戦うことを命じられ、零号機パイロットの綾波レイ、弐号機パイロットの惣流・アスカ・ラングレーと共同歩調を取る。彼らは昔の「不良」のように大人とやり合うことはしない。ただ「スルー」するだけ。つまり大人を相手にしていないのだ。

シンジの父は、モニター越しだけでしか息子に語りかけない。その内容も、業務命令を下すだけ。そこに親子の会話は存在しない。

他に出てくる大人も、戦闘指揮官でシンジの保護者になる葛城ミサトくらいだ。だが、葛城はエヴァンゲリオンの操縦方法などを教えてくれるわけではなく、シンジは自分で人型兵器と自分自身をシンクロさせ、戦い方を体得していく。

このように、『エヴァンゲリオン』に大人は出てきても、ほとんど相手にされていない。この作品以降、ほとんどのアニメから「大人」が消えていく。

この流れは、年上の人間に期待して議論や反抗をしていた世代から、そんなことをしても無駄だと気がついた世代への移行だ。

子供の頃、普通に期待していた年上（親、教師、先輩、社会人）が、どうしようもない存在だと気がついて「諦めた」世代に変わっていったわけだ。

近年、「何も期待していない若者」を見て、呑気に「さとり世代だ」などと分類、カテゴライズして、わかったような気になっている大人がいる。そうした何もわかっていない哀れな大人たちを見て、彼らは上の世代がつくる世界に失望し、その文化を継ぐことも、話を聞いて役立てることも、すべて諦めたのだ。

つまり自分の子供に失望され、失格の烙印《らくいん》を押され、「いないもの」とされたわけだ。

そんな子供を理解しようと大人たちは必死になったが、一度捨てられた恋人の心が元には戻らないように、すべてが手遅れだった。

▼団塊ジュニアの「タメロ革命」の敗北

そして、子供たちの失望とシンクロするように、年齢の壁が壊れはじめたのは、

90年代半ばくらいからだったと思われる。

ひとつ年上というだけで敬語を使うのが当たり前だった世界に、年上にも「タメ口」でいく、という人種が現れはじめた。

これは、団塊ジュニアの一部が、「渋谷系」や「ストリート系」などの都市型文化で、それ以前の「地方型ヤンキー文化」の体育会的ノリにカウンターを食らわした時期に重なる。

年上の友人を「○○さん」ではなく、業界人よろしく「○○ちゃん」「○○くん」と呼ぶあたりから、「年齢とかカンケーねーし」という風潮が表れてきた。

ところが、日本には恐ろしく強固な「タテ社会」の伝統が底流にあるため、彼らのレジスタンスも長くは続かなかった（わずかに一部の文化系サークルなどでその名残を感じるが、それも少ない）。

そうして後退していった「年齢なんか関係ない」という流れは、ネットの匿名性の世界で「誰にでも上から目線でものを言う名前のない人々」に引き継がれていく。

そうしたネットで失礼なもの言いをする人たちは、「中学生男子」や「寂しい中年男性」に多いと言われている。

それはおそらくネットの書き込みが、タテ社会の中で言いたいことが言えない「不満のはけ口」になっているからだろう。

リアルの人間関係で、年齢に関係なくコミュニケーションがとれる希望があった「脱体育会」「年齢なんか関係ない主義」の流れは、その後、衰えていく。

90年代の団塊ジュニアが起こした「タメ口革命」は、皮肉にも彼らの親世代の革命同様、失敗し、くすぶっていく。

▼タテ社会を否定する『ワンピース』

ところが、今度は漫画の世界で、「年齢なんか関係ない主義」が攻勢を始める。

00年代から爆発的ヒットをする『ワンピース』では、年上への敬語は消えている。

どれだけ強く人々に恐れられているかが執拗に描かれたキャラクターに対して

も、主人公・ルフィは相手を「お前」と呼ぶ。

もちろん、相手の年齢など気にかけもしない。どんな人間（キャラクター）もフラットで平等な存在として扱われている。

ここにおいて、団塊ジュニア世代の作者・尾田栄一郎は、自分たちの世代が失敗した「タメ口革命」を漫画の中で完遂させたかに見える。その前の時代の『キャプテン翼』や『スラムダンク』などに出てくるような、タテ関係とはまったく違う世界観を提示している。

90年代の漫画『スラムダンク』では、作中、最も傍若無人（に見える）な主人公・桜木花道ですら、年上には敬語（ギリギリだが）を使おうとする。彼は「年上なんか関係ない」と思っているキャラクターなので、監督に対しても失礼な態度をとるのだが、それでもいくぶん年上に対する敬意を感じさせる。そのあたり、花道のモデルになったのが『ドカベン』の岩鬼なのも腑に落ちる。

水島新司の漫画では野球をモチーフにして理想的「タテ社会」が描かれていて、年上の人間は実に「年上にふさわしい行動」をとっていく。

年下の人間はそんな先輩に憧れ、成長していく、という「古き良き時代のタテ社会」がそこにはある。

しかしそれは、作者の水島先生がまだ年上が尊敬を集めていた時代に育ったゆえだろう。

00年代からは、漫画同様、アニメでも「大人」は相手にされなくなっていく。大人は「滑稽な古い人（ワシは○○なんじゃ、とか言う昔のおじさん風）」や「みっともない欲望の化身（『千と千尋の神隠し』の豚になる両親など）」として描かれていくのだ。

前出の教師ものでは、ついに「宇宙人」が教師をする『暗殺教室』にいたっている。

『暗殺教室』は、今や懐かしい「金八的指導」を先生がすることがあるのだけれど、それが人間ではないのが興味深い。

もはや**人間の大人からは「まともな教え」は得られない**、と思っている子供たちの空気を受けてのヒットの気がしてならない。

▼若者は「劣化」しているのか？

テレビでは先輩の芸人が、後輩に向かって「俺は先輩だぞ！」と言って、自分をぞんざいに扱う後輩に文句を言う場面をしょっちゅう見る。

芸人の世界は今も強固な「タテ社会」で、実年齢ではなく芸歴が物を言う。後輩にしろ、本当は「ぞんざい」になど扱っていないのだが、それでも心から「年齢が上の人は絶対的に実力や人望がある」と信じているかと言えばそんなことはない。実力は「人気」というものに残酷なまでに表れてしまう。

後輩より、実力も人望もないけど「先輩は絶対」という妙な関係は、「**裸の王様**」的だ。当の本人たちも、そのおかしさを常に感じているから、それを笑いにしたくなるのだろう。

芸人の世界はその「いびつさ」に関して自覚的であるからいい。だが、実社会では本当に「実力も人望もない先輩」がいて、自覚もなしに年下の人間をひどく扱ったりしている。

こういう人たちは、「お前らは全然だ」「俺たちの頃は……」とか言って、年下が「劣化」したと見下し、有無を言わさず命令したりするが、実際のところ**若者は「劣化」などしていない**。

時代によって「若者」は変化していくだけで、本質的には変わらないのは彼らと接してみればわかることだ。年上暴君はそのことすら忘れてしまっている哀れな「裸の王様」なのだ。

現在のように複雑化した社会では、「根性論」だけでは通用しない。それならばどうしたらいいか、若者なりに考えて、前の世代とは違うかたちで生き方を模索しているだけだ。

非難されがちな「引きこもり」なども、彼らなりの生存手段のひとつとして生まれた。その中からイノベーションも生まれているのは周知の事実だ。

「思考停止の軍隊型体育会学校」で精神を病み、嫌な思い出を作るより、しばらく潜伏して道を探ったほうが人生が豊かになった、という若者もいる。

僕のアシスタントの中にも、「引きこもり」に近い状況で自分の漫画を描き、ネットで発表したところ一躍人気を集めて成功した人がいる。彼は大好きな仮面ライダーの新シリーズを自分で考え、「自分のライダー漫画」を描いて、それをネットで連載したことからキャリアをはじめている。

学校に行くのをやめて成功した人もエジソンをはじめ、古今東西いくらでもいる。

漫画家の水木しげる先生が、まともに学校に行こうとはしなかったのも、有名なエピソードだ。

また、ミュージシャンでいえば、会社を辞めて、潜伏期間を経て大ブレイクしたので有名なスガシカオ氏がいる。彼は自室に籠って社会と隔離した状態を自らつくり、自分の納得のいく音楽を創って世に出ている。

個人製作の作曲家「ヒャダイン」もそうだし、アニメをひとりで創って世界的に絶賛されている人も次々と現れている。

理不尽な環境に対し「根性」で適応するだけが、生きる道ではないのだ。

だが、「思考停止の根性論」を信奉する「古い世代」には、そんな生き方は理解できない。

理解する以前に、若者にブロックされてしまっているため、「意味がわからない」のだ。

若者のことを理解できないのは、「言ってもわからない」と彼らから見放されているためなのだ。

職場には必ず「後輩」ができる。どんな集まりでも、自分がいちばん年下の時代は短く、すぐに自分より若い人が現れる。

そして何より重要な問題は、いつか訪れるかもしれない「自分の子供との関係」だろう。

▼若者は「がっかり」している

僕は人の話を聞くのが好きな人間だ。

そして古き良き時代（年上が尊敬できた時代）に育ってきたので、年上を尊重して生きてきた人間だ。

ダメな人もいたけど、たくさんの尊敬できる大人たちと出会ってきた。

そんな「尊敬させてくれた年上」に出会えたおかげで、僕は自分の思う人生を生きてこられたし、心から感謝している。

実は今の若者だって、そんな自分の指針になる「かっこいい大人」を求めている。

ところが、「憧れさせてくれる大人」は消えていくいっぽうで、周りに尊敬できる大人がいないという声のほうが多くなってしまった。

若い人は「劣化」したのではなく、あんな大人になりたい、という「目標となる人」を失ったのだ。

威張っている先輩にだって何か尊敬できるところがあるはず。そう思っても、その期待ははずれ、**尊敬できるはずの年上に「がっかり」させられること**ばかりが続いていく。

がっかりさせられすぎて、**「年上は存在しないもの」という気分にまでなってしまった**のが、今の若者なのだ。

そのいちばん深刻な例が、**自分の親に「がっかりさせられた子供」**の心の問題だ。

親を尊敬させてもらえなかった人は、人を尊敬することが難しく、自分が悪いわけではないのに大変な苦労をすることになる。

年上にあれこれ言う権利があるのなら、義務もあって当然だ。そのことについて考えてこなかったことが、ここまで深刻な「世代間の壁」を生んでしまった。

その原因の多くが「年上」にある以上、年下の人を「がっかり」させるのはもう終わりにしなければならない。

第2章のまとめ

◆若者より大人が「劣化」した

◆大人は「いないもの」とされている

◆若者を「がっかり」させるのは終わりにしよう

第3章

愚痴らない

その言葉は「ギフト」か？　「排泄物」か？

朝会って最初に「おはよう、今日も可愛いねー」と言える人と、「おはよう、また太った？」と言う人とでは、人生は（人間関係は）大きく違ってくる。

無防備に思ったことを何でも口にする人がいるが、あまりにも想像力が欠落している。

言葉が通じるということは、何らかの感情を相手に与えてしまう、ということへの理解が欠けてしまっているのだ。

気分が良くなる言葉や、興味を引く情報、考え方に変化を起こすきっかけを与えてくれるような言葉は、**ただの言葉ではなく、もはや「素敵なギフト」だ**。

僕が会った有名人にも、「さりげないギフト」をくれた人はたくさんいた。

哀川翔さんは、開口一番、「君の漫画、面白いよねー」と言ってくれたし、映画監督のオリバー・ストーン氏は、ガチガチに緊張している僕に「漫画家なら俺を描いてみてくれない？」と笑って、緊張をほぐしてくれた。

「今日も素敵ですね」と言われて嫌な気分になる人はいないだろう。「それ、どこで買ったんですか?」でもいい。タイガースファンの人には、「昨日、阪神勝ちましたね」だけでもいいのだ。

その人が何に夢中なのか、すでにわかっているなら、たとえ阪神に詳しくなくとも、「今年の阪神はどんな感じなんですか?」と聞くだけで、楽しい時間を過ごせるかもしれないのだ。

反対に、気分が悪くなるような言葉や、どうでもいい話、どこかで聞いたような底の浅い説教などは害をもたらすものだ。

「最近また太った?」などと、女の人に平気で言ってるような人は、たいてい相手にされなくなる。

特に相手が年下である場合は、そんなことを言っている時点で、その人は「終わり」である。

言われた相手が、その場では（表面的に）笑っていても、人によっては、その言葉そのものが暴力になることも多いのだ。

本人はちょっとしたジョークのつもりか、あるいはわざと目立つことを言って注目を集めようとする小学生みたいな気分で言っているのだろうが、そんな幼稚な言動は大人には許されない。相手が立場的に「嫌」と言えなくて、仕方なく我慢している場合がほとんどだからだ。

▼「実りのない」年上の愚痴

年上の人間によるオチも発見もない「**ただの愚痴**」**は、不満だらけの心の内部からダダ漏れしている**「**排泄物**」だと考えたほうがいい。

僕の学生時代の先輩にも、人の悪口と自分の境遇を嘆くだけの人がいた。その人は漫画家に憧れているようなのだけれど、自分で描くこともせず、持ち込みをしたりアシスタントに行ったりしている僕に、「お前はいいけど、俺なんかは……」と繰り返すのだ。

その時間はただただ退屈で実りのない「人生の無駄使い」で、僕はいつも感情の「ガス抜き」に付き合わされているだけの最低な時間だと感じていた。

「そういう愚痴を聞くのも後輩の仕事だ」とか、「愚痴の中にも学べる部分がある」とか、「お互い様じゃないか、聞いてやれよ」とか言う人もいるだろう。

そんな人には、思い出してもらいたい。

そんなふうに、逆らうことができない後輩を捕まえて、人生のガス抜きに付き合わせる先輩は、「後輩だったころの自分」からはどう見えただろう？

そして、そんな実りのない「排泄物的話」を、もう一度聞きたい、と思っただろうか？

「心のガス抜き」は必要かもしれないし、ひとりで溜め込むのは精神的に良くないのもわかる。

でも、そんなガス抜きは少なくとも同い年か、年上の人間にするべきだろう。

相手が受け入れてくれるなら、家族や恋人に聞いてもらうのもありだと思う。

しかし、**断ったり、逆らったりできない年下の人間に「愚痴」を浴びせるのは絶対にしてはならない。**

▼子供の人生を黒く塗りつぶす「親の愚痴」

家族といっても、親が子供に愚痴ばっかり言っているのも避けたほうがいい。「親だって大変なんだから、仕方ない」というのもわかる。でも子供には逃げ場がない上に、**愚痴という「マイナスの話」ばかり浴びせられて育つと、世の中や人を見るときの基本設定が「マイナス」になってしまうのだ。**

「今日もいい人に会って楽しかった」と言う親と、「今日も最悪の人間ばかりでうんざりした」と言う親がいたとして、どっちの親に育てられた子どもが人生を楽しく生きていけるだろう？

世の中には「良い人」も「嫌な人」もいる。問題はそのどちらについて語るかで、子供は親の言葉を基準にして「家の外にはどんな人たちがいて、社会はどんな雰囲気なのか」を決めてしまうのだ。

「世の中は嫌な人ばかりよ」と言われて育った人は、「良い人」に出会っても、「そんなはずはない」と疑ってしまう。

親の愚痴は、子供の目を「暗く見るように」設定してしまうのだ。『ライフ・イズ・ビューティフル』という映画では、第二次世界大戦中、ナチスに捕まり絶望的な状況にあるにもかかわらず、「これはゲームなんだよ」と子供に言う親が出てくる。

彼は最後まで子供に愚痴のようなことは言わずに、生き残りにすべてを懸けるのだ。

愚痴は、「心のガス抜き」であっても、それは「有害なガス」として聞く側を不幸にする可能性があることを忘れてはならない。

もしも我慢できずに年下の前で愚痴ることになったら、仕方ないので最後は「自虐的な笑い話」として明るく終わるしかないだろう。

溜まった心のガスが抜けて、少しは余裕も生まれたなら、「やってらんないよな」と笑い飛ばして、すぐに年下の人の話を聞いてあげるほうに回るべきだろう。

そして、相手の話を闇雲に否定せずにすべて聞いてあげれば、愚痴ガスも（少しは）緩和されるかもしれない。

▼年下の愚痴を「私のほうが大変だった」と潰す年上

ある人間が愚痴を言っていたとする。

そういうとき、たとえその人がどんなに辛い体験をしていても、必ずと言っていいほど、「甘いね」とか、「まだまだだね」なんて、やたらと低い評価を下して、その人の話を潰す人がいる。

そして決まって「君なんかより俺のほうが……」と、自分の話にすり替えて、最後は必ず「だから俺のほうが偉い」「君はダメ」という話にして、その場にいる人を寒い気持ちにしてしまう人種だ。

こういう人は、「昔のオタク」や「成功したことのある経営者」などに多い。

なので、そういう自慢したがりの集団内で、「俺が」「俺が」とやっているならそれでいいのだけど、この手の人種が年下の前に立つと不幸を生む。

さらに深刻なことに、そういうタイプの人間は、自分の態度が相手をどんな気分にしているのか、理解できていないことが多い。

最初に立つ気持ちが、「自分を認めて欲しい」「自分を褒めて欲しい」という類《たぐい》のものなので、すべての会話がそこを目指していく。

逃げも反抗もできない立場の年下の人間が、こういうタイプと関わってしまうと最悪だ。

陰でバカにしつつ、表では「さすがですね」なんてやる羽目になる。そんな関係になってしまっては、いずれ決別するか、双方が見下し合いながらの実のない関係を続けていくことになるだろう。

もし自慢話がしたいのなら、年上の人間にしたほうがいい。

ただでさえ年齢的ハンデで結果も経験値も少ない若者は、本当は大したことのない年上の自慢であっても、聞かされると自信を失いがちだ。そもそも若者にとって、年上の人間は経験豊富であって当然の存在だ。先に結果を出しているはずの人間から自慢話などを聞かされて、楽しいわけがない。

▼「人それぞれ」と泳がせる余裕

人は、自分ができることは誰にでもできるものだ、と思いがちだ。

そして、自分が越えてきた壁も、誰にでも越えられると思いがちだ。

そのため、年下の人間が「苦しい」と言っていると、「何だこんなもので、もう音を上げているのか」と思ってしまうことがある。

自分に厳しく、努力をしてきた人ほど、人にも厳しく接してしまう傾向がある。

問題はその後で、もし年下の人間にアドバイスをするなら、「人にはそれぞれのやり方と、それぞれの道がある」ということを前提にして話を進め、「一度は泳がすくらいの余裕」が必要だということだ。

僕は漫画家としてデビューするまでに、とにかく多くの漫画を描いてきて、美大受験以外はほとんど回り道をせずに、漫画家になった人間だった。

当時の僕は、「プロになるならそれくらい描くのは当たり前」と思っていたのだ。

しかし、そういうやたらと量産してきたタイプの漫画家ばかりが成功するわけではない。卒業してから様々な仕事を経験した後、漫画家になって成功している人も多い。

高橋しんさんは箱根駅伝にも出た陸上選手だったし、わたせせいぞうさんも損保会社のサラリーマン。弘兼憲史さんは宣伝部サラリーマンの経験がある。それぞれが、その人なりの紆余曲折《うよきょくせつ》を経てプロの漫画家になっているのだ。

もし僕が漫画家を目指す人すべてに、「君は１００作描いた？」と聞いて、相手がまだ描いていない（ほとんどがそうだろう）と答えると、「だから君はダメなんだ」と言っていたとしたらどうだろう？

言われた人は、「あんたと俺は違うんだよ」と、心を閉ざしてしまうだろう。「すごいですね、さすがです、山田先生。僕なんかまだまだです」なんて返されたとしても、お互いに何の実りもない。

人には「それぞれの生き方」があって、自分の生き方と人の生き方は違うということを、常に頭に入れておかなくてはいけない。

自分の「過去の成功例」などは、ほとんどの場合「聞き流される」ものだけれど、もしどうしても伝えたいなら、「参考意見」程度にポイントだけをシンプルに伝え、あとは本人の意思に任せるしかないのだ。

▼自慢話は「する」より「聞く」

愚痴と同じように、自慢話や武勇伝は、年下にはなるべくするべきではない。流れでどうしても話すことになって、その内容が「確実に面白くて、自分のダメっぷりで最後には笑わせる話」でないならば、短く終わらせるべきだろう。

僕の場合、どうしても話すことが自慢に聞こえそうなときは、「ゴメン！ 自慢させて」と、初めに謝罪してから話し始めることにしている。もちろんみっともない話だけど、これくらいの人間味はあってもいいと思う。

人によっては、何を聞いていても、「それは自慢話だよな」と腹の中で感じているタイプがいる。

年上の人間として、そういう人に会ったら自分の人生の話などはせず、その人の話を聞いてあげればいい。

その話にもし自慢が含まれていたら、素直に認めてあげればいい。「自慢は控え、相手に自慢をさせる」くらいが、年上たる者の基本姿勢だと思う。

▼一生使ってはいけない言葉

本章の最後に愚痴や自慢話以上に、「言ってはいけない」「使ってはいけない」言葉について触れたいと思う。

「女にモテるようになりたいんです」と聞いてきた中学生がいた。

僕は彼にどう答えるべきかと、慎重に考えた。何しろ彼はこれから本格的に恋をしようとしている年頃だからだ。

大好きで、気になって仕方ない「女の子」にどういう態度をとれば、孤独で過酷な「愛のない未来」を迎えずにすむか？　大きな問題だ。考えた末、僕は言った。

「〈ブス〉と〈デブ〉、そして〈太ったね〉……。**この言葉は、一度たりとも、死**

ぬまで、女の人に言ってはいけない」

あっけに取られている中学生に、僕はさらにこう重ねた。

「今、この瞬間から、その言葉を死ぬまで使わない、と決めて、それを守ったら、君は孤独にはならない」

ついでに言うと、「貧乳」とか、「しゃくれ」とか、身体的特徴をからかうようなことも絶対に言うべきではない。

「そんなのは言葉狩りだ」とか、「みんなで盛り上がるネタなんだから、それは極端すぎてつまらない」とか、「それくらい受け流せる人間にならないとダメ」、挙句の果てには「そんな言葉くらいでいちいち傷つくような人はいじめられて当然」みたいなバカなことを言う人もいるかもしれない。

確かに、文化は多様なほうがいい。表現や発言に寛容な世の中がいいに決まっている。

しかし、「傷つく」ということに関しては、傷ついた痛みは本人しかわからないものだ。

ある人にとっては「別にこれくらい言われても平気」と思うような言葉でも、他の人にとっては残酷な凶器になることがある。

僕は下町のサバサバした環境で育ってきたせいか、下町特有の「ズケズケと人の心に入っていくモノの言い方」には慣れている。

昔からの江戸っ子の友人は、会うなり、「まだ売れねえ漫画描いてんのか」と遠慮がない。僕が胃が痛いと言っても、「売れねえ漫画ばっかり描いてるからだろう」と笑うのだ。

こうなるとこっちも「ふざけんな、バカ野郎」と返せる。

これは、売れたあとでも変わらない。

互いの「弱点」を突っ込み合いながら、「どうしようもねえな」と笑うのだ。

僕にはこれが楽だった。

それはかなりキツい言葉の応酬《おうしゅう》で、外から来た人は驚くけれど、こういった世界には繊細なルールがあって、表面上はあけすけな世界でも、「言ってはいけないこと」が暗黙の了解で存在している。たとえば、親の問題や身体的コンプレックスに関することだ。

一見雑なように見えて、実は高度なコミュニケーションなのだ。

なので、実は「グイグイ人の心に入り込んでいく付き合い」が嫌いではない。

でも、これを実践するには、相手をある程度知っていなくてはできないし、あるレベル以上の優しさやデリカシーが必須条件なのだ。

おまけに現代人は、メールやLINE、SNSなどの「ともかく言ってみる」ことが簡単にできてしまうツールを使うことに慣れてしまっている。すなわち、「相手の心を想像して」発言する能力が落ちているのだ。

そんな時代の変化の中、「仲良くなるために、相手の弱点に入り込む」という社交術が難しくなってきているのに、迂闊《うかつ》に「人を傷つける危険な言葉」を口にするのは得策とは思えない。

その場のちょっとした盛り上がりのために、誰かの身体的特徴をネタにするべきではない。

「こいつ、アゴがしゃくれてるよなー」みたいなデリカシーのない発言は、誰も得をしないばかりか、傷つけられた相手は、そのときは笑っていても、それを言った人間を一生恨むかもしれない。

「そんなに人のことばかり考えて生きていけねえよ」と言うのもわかる。

確かに、人は他人のことばかりを考えて生きてはいけない。だからこそ「これは一生言わない」とルールにしてしまえば、大きな事故を起こさなくてすむ。

他人に媚びて、「思ってもいないお世辞を言え」ということではなく、「嫌なことを言わない」だけで、その人は周囲とのトラブルを回避できるのだ。

モテない男のいちばんの特徴は、「デリカシーがないこと」に尽きる。

だからこそ、「モテたい中学生」に言ったあの話は、最低限のデリカシーを守るための「限界ライン」だった。

いわば「飲酒をしたら運転するな」とか、「赤ん坊に刃物持たすな」といった基本的な話だ。

どれだけスペックが高くても、女の人に「太ったね」と言ってしまう男は愛されないのだ。

第3章のまとめ

◆ただの愚痴は「排泄物」

◆「年下の愚痴」を潰すな

◆「言葉のギフト」を贈れ

第4章

威張らない

▼消えた「頑固おやじ」

「頑固おやじ」と言われる人がふた昔前は普通にいた。

「ラーメン屋のおやじ」などの「職人系」と呼ばれる人に、そういう「頑固だけど、いい仕事をするかっこいい大人」がそれなりにいたのだ。

彼らには、「俺はこれでいく」と言える、圧倒的なスキルと長い経験があったので、無愛想《ぶあいそう》でも周囲の人たちに尊敬されていた。

僕はそういう職人さんが身近にいる環境で育ったため、個人的には「尊敬できる頑固おやじ」は嫌いじゃない。

10年ほど前、「職人を取材して漫画でレポートする」という連載をすることになったときも、むしろその「頑固」と対決して、何らかの本質を聞き出すことができないものかとワクワクしたくらいだ。

ところが、実際に取材を進めてみると、想像していた「おっかない頑固職人」はほとんどいなかった。

大半の職人さんが愛想よく話をしてくれて、むしろ穏やかで優しかったのだ。浅草の老舗《しにせ》の和太鼓職人さんも、酉《とり》の市の熊手を作る職人さんも、みんな驚くほど柔和《にゅうわ》にお弟子さんと話をしていた。

無形文化遺産にも指定された埼玉県小川町の和紙職人は、その道では神様みたいな存在の職人さんで、夏目漱石の初版本の紙漉《かみす》きにも関わった人だった。事前にすごい人だと聞いていたから、「もしかしたら、強面《こわもて》の頑固職人かも」と、ビクビクしながら取材に伺った。

ところがその人は、その工房のどんな職人さんより寛容な人だった。戦時中は風船爆弾の風船を作っていたとか、紋付の家紋が背中の首の部分になぜついているのかという理由を楽しそうに聞かせてくれた。

江戸風鈴職人から聞かされた体験談は強烈だった。戦時中、軍隊で満州に出征していた彼は、終戦になって引き揚げられなくなった。日本人だとバレると殺されるから、中国人を装い、蔣介石軍に入り、毛沢東軍と戦ったという。

そんなこんなでようやく日本に引き揚げてきたら、東京はまだ焼け野原。いろんなものが空襲の焼夷弾《しょういだん》で溶けているのが目に入った。

家業はもともと職人で、自宅に炉があった。

鉄くずになるガラスなどを拾ってきては溶かし、原料を作ることができたのがはじまりだったと語ってくれた。

こんな話をいつまでも覚えているのは、彼の態度が威圧的ではなかったからだ。優しくて腰が低い、彼のそんな人柄を慕って、弟子志願の人たちが勝手に来るようになったという。一緒に働く職人さんたちは、ファンだと言ってはばからなかったし、中には取材に来た記者だった人もいた。

「想像と違いました」と僕が言うと、頑固で無愛想だったのは戦前くらいまでで、その時期の職人は「自分で見て学べ」という師匠が多く、弟子たちはそんな「語らない師匠」に必死でついていったと語ってくれた。

「今の人に厳しく言ってもねえ」とか、「言わないでも自分で察しろってのはもう時代に合わないんですよ」なんて職人さんは言っていた。僕の印象では、「あるステージまで達した職人さん」は、やたらと目下の人間を怒鳴ったり、黙りこんで無言の圧をかけたりしないものなんだなと感じた。

つまり、今の時代は、**優れた職人ほど、「威張らない」のだ。**

▼説教を聞くという「接待」

残念なことに、この国では、「尊敬に値するから偉い」のではなく、「一日でも先に生まれた（業界に入った）から偉い」といった感じで、上下関係が決まる。

そのせいで、「尊敬できない人間が威張っている」という不愉快な事態が日常的に起こる。「自分が後輩だったときはさんざん威張り散らされたから、今度は俺が威張る番だ」なんていう、どうしようもない人間も現れる。

「年上の人間は偉いから威張ってもいい」という思考停止のルール自体おかしな話だ。

もっと厄介なのは、「そんな甘い気持ちでは勝てないから、一喝してやってるんだ」という人たちだ。「空気を引き締める」のはいいのだが、そういう「お前らしっかりしろ」という年上からの「喝」には問題が多い。明らかに問題なのは、頭ごなしに上から「喝」と言っているときに、「快楽」を感じている人間がいることだ。

もちろん、「言わないこと」や「後輩が自分で気がつくのを待つ」ことは、指導する側にとっては楽ではないことだ。「答えがわからない後輩」のほうも、それなりに苦しむことになる。だが、そのほうが結果的に学ぶことは多いだろう。

ところが、「お前のここが悪い」と怒鳴って、自分だけ満足して終わる年上も実に多い。

先輩としては、後輩に「わかりました、反省してます」と言わせれば、指導は完了した気分になるし、「ご指導ありがとうございました」なんて言われれば、帰って飲むビールもうまいだろう。

言わずもがなだが、本当に重要なのはその指導が「後輩にとって効果のあるものだったのか?」ということだ。

年上の人間に怒鳴られているとき、あなたならどんなことを考えているだろう?

自分に落ち度があっても、あまりに威張った態度で言われたら、「もういいよ、早く終わらねえかな」と思ってないだろうか？　そして、その「不愉快な指導」が早く終わるように、「わかりました、反省してます」と言ったりしないだろうか？

とどめに、「ご指導ありがとうございました」と入れておけば、これ以上は不快な説教を聞かなくてすむ、と心の中でソロバンをはじいているかもしれない。

ほとんどの場合、「怒りの感情の入った指導」は、指導してる（つもりの）人間のガス抜きだ。それをありがたがって聞く後輩もいるかもしれないが、そのほとんどが、「早く終わらねえかな」と思いながら、後輩は先輩の（先生の）ガス抜きの相手をしてやっているだけだ。

つまり、年上は「接待」されているのだ。

自分は年下に「接待」されているのに、それに気づいていないのだ。

▼「怖い」から威張る

僕は校内暴力が盛んな時代に、恐ろしく荒れた高校に通っていたので、何かと人を威嚇するタイプの友人も多かった。

その学校は、映画の『ビー・バップ・ハイスクール』のような世界で、教室に入っていっただけで、「何見てんだよ。ガンつけてんじゃねえよ」と食らわす人間が普通にいる環境だった。

ところが、仲良くなってしまうと、威嚇する人の弱さもわかってくる。

こういう「威嚇してくる人」は、たいてい子供のころに親や兄弟からひどい扱いを受けてきた人がほとんどだ。彼らのほとんどが、親や教師に怒鳴られ、威嚇され、殺伐《さつばつ》とした気分を味わってきた人たちだった。

ヒトラーや米FBI初代長官のJ・エドガー・フーバーなど、人を威嚇して威張り散らし、その場をコントロールしてやろうとするタイプの人は、ほとんどの場合、子供時代に怖い思いや、悲しい経験を数多く味わってきている。

「威嚇されて育った人」が、「威嚇する人」になるのだ。

「他人は怖い」と思わされてしまった子供は、「世間」は敵だらけで、「殺《や》らないと自分が殺られる」と感じてしまう。

「怖い」から「威嚇する」のである。

▼「すごいね」の不足

威張る人は「認められたい」と強く思っている人に他ならない。

人は、子供のころに「すごいね」と言われて、「僕はすごいんだ」「私ってすごい」と自信を持つようになる。

ところが、いまだに一部の親や大人たちは、子供は何もできない（動物と同じ）ので、厳しく躾《しつ》けて、簡単に褒めてはいけない、と言う。

こういうことを言う人は、子供のころに「そのように」育てられてきた人だ。

つまり、「褒めてもらえなかった人」で、子供のころの「すごいね貯金」が少ない人なのだ。

自信というものには、本当の意味での「根拠」はないという。世界的な評価を与えられてもなお「自信がない人」もいるし、何も成し遂げてないのに、「なんとなく自信だけはある」という人もいる。

僕の中でこのことがずっと気にかかっていたので、連載『絶望に効くクスリ』の取材で、自信がある人はどういう人なのかを聞いてきた。

すると、「自信にあふれた人」のほとんどが、**子供のころに周囲の人間に「すごいね」と褒められていた過去の体験を持っていた**。

実家が旅館を経営していた作曲家の吉俣良さんは、お坊ちゃま中のお坊ちゃま。小さいときからピアノを習い、「お前は天才だね」と育てられてきた。横浜市立大学商学部を卒業しながらも、自分が本当にやりたかった音楽の道に進んだ。

俳優の榎木孝明さんは島津家の末裔で、絵画はもちろんのこと、多くの分野で才能を認められ、周囲の人から愛されて育っている。彼は劇団四季のトップになった後、独立して多くの試練を味わうのだが、自分のやりたいと思うことから目を逸《そ》らさず、「画家」「武道家」「俳優」「プロデューサー」と、その才能を爆発させていった。

彼が他の劇団員と違うスケールで活躍しているのは、子供時代から周囲の応援（すごいね）があったからだ。

つまり、**「自信のある人」の多くは、子供のころからの「すごいね貯金」がたまっている人たち**なのだ。

そして、そんなふうに培われた「根拠なき自信」は、「何かに挑戦すること」のハードルを下げるし、失敗にも強い人間にしてくれるというわけだ。

実のところ、僕もそういう人間で、一族の愛情を浴びるようにして育ててもらい、何をやっても「すごいねー」と言ってもらった人間だ。

いま思えば大したことのない絵を、「天才だ」と褒めてもらったおかげで、デビューまでの10回に及んだ落選や、延々と続くボツ、打ち切りにもめげず、ここまで漫画家を続けてこられているのだと思う。

それは自分に才能があったから、というより、「すごいね」と言ってもらえたおかげで身についた「根拠のない自信」のおかげなのだ。

これは残酷な話だと思う。

子供のころに「僕を褒めて」と思っていたのに、「すごいね」と言ってもらえなかった人ほど自信がなく、「俺を褒めろ」という思いにとらわれてしまうのだ。

そういう人の話には、「私を認めろ」という怨念が潜んでいる。

当然、「君はすごいね」と後輩を褒めて、相手に自信を与えることなんてできなくなっているのだ。

▼「心の飢え」が威張る人をつくる

威張っている人は、いい気になっているように見えるので、「実は苦しいのだ」という本心をわかってもらえない。

「大企業の社長」みたいな立場の人と話をすると、その多くが「自分は孤独だ」と言っていた。

大きなプレッシャーがあると、つい威圧的になってしまうし、部下には「いい給料をもらっているくせに」と思われる。

上役という「立場」で話をする人は、「立場」でしか見てもらえず、一人の人間としては見てもらえないものなのだ。

「あなたも頑張っている」と思ってもらいたいだけなのに、周りには「偉そう」とか、「怖い」と思われて避けられてしまう。そのためさらに孤独を深めていく、という「悪《あ》しきサイクル」にハマってしまうのだ。

もし、そのサイクルを変えたければ、自分の態度と考えを改めればいいのだが、それは簡単なことではない。それでも、もし変わりたいと思い、「自分が怖い思いをさせられたので、年下の人には怖い思いをさせない」と決めてしまえば、この悲しい歴史を終わらせられる可能性はある。

厳しく育てられてきた人は、他人にも厳しくしてしまうように基本が「設定」されてしまっている。

「褒めて伸ばす」という最近の風潮が気に入らないと感じる人は、「褒めてもらいたかった人」なのだ。

実のところ、**威張らないで褒めるだけで周囲の態度は変わるものだ。**

褒められた人は、褒めてくれた人に対して、自動的に心を開こうとする。そうなると、上の立場の人間も、現場で何か問題が起これば、それを確実に把握できるし、対策も立てられる。

周囲から孤立して何も知らされないうちに問題が深刻化していく、というような事態も避けられるだろう。

▼威張ることで生まれる損失

虐待を受けた経験や、認められなかった過去があると、その後の人間関係にも苦労することになってしまう。

しかし、自分が殴られてきたから人を殴るとか、認められなかったから威張るなど、過去から引きずる心の闇を解消するために、「人を犠牲にする」のは許されるべきじゃない。

逆に、無力な下の人間に、自分の心の闇をぶつけ続けると、その反動で何かしらの復讐を受ける危険性さえ出てくる。「露骨に無視」されたり、「完全に敵視」

されたりするかもしれない。

もし今の自分が「威張る人」になってしまっていると感じたなら、最低でも年下に対しては威張らないように努力しなければ、人生はどこまでも殺伐とした孤独なものになってしまうだろう。

「年上は偉い」という拭《ぬぐ》いがたい伝統があるからこそ、年上の人間は（逆らうことが許されていない）年下に対しては、威張ってはいけないのだ。

▼威張る人は「何が起きているか知らない」人

基本的に人間というのは、威張っている人とあまり長い時間一緒にいたくないものだ。

威張る人は、総じて「自分の話」と、誰かに対する「ダメ出し」を会話の中心にしている。そもそも人の話を聞くつもりがないからだ。

人の話を「否定」し、「それで言えば俺なんかは……」と、結局自分の話にすり替えてしまう。

人間なら、誰でも「すごいね」と言われたいものだし、自分の話もしたい。だから女の人の集まりなんかでは、人の話をやたらと否定はしない暗黙のルールがあったりする。そして「ていうか」と合いの手を入れるように、結論なしに話題をスライドさせていくわけだ。

そんなエンドレスな流れの中で、自分の話や、少しの自慢もなんとなく入って、みんなが「ほぼ満足」して会話は終わる。

でも、そんな中に自分の話ばかりして、やたらと威張っている人がいたらどうだろう？　おそらく、その人はもう次の集まりには呼ばれないだろう。

そして、自分の知らないところで情報が行き交い、気がついたら情報弱者になっているのだ。「自分だけが知らないことが多い」というのは、仕事でもプライベートでも、大きなマイナスだ。

愚痴る人は村八分にされ、威張る人には情報が入らない。すなわち愚痴っぽくて、威張っている人間は、いい仕事もいい恋愛もできない。人から信用されず、今、周りで何が起きているかもわからなくなる。

▼年下にナメられたらどうしたらいいか？

いつも腰を低くして低姿勢でいたら年下にナメられる、という人もいるだろう。

ただ、あからさまにナメてかかってくる年下の人間は、むしろわかりやすいので対処はしやすい。厄介なのは、一見尊敬しているかのように見せかけて、内心バカにしているというパターンだ。

基本的に、優しい人は他人からも優しくされ、嫌な態度をしている人は人からも嫌な態度をされる。

なので、年下にナメた態度をとられる人は、「年下をナメている」可能性もある。

自分が尊重されない、と感じる人は他人を尊重できない人であることが多いからだ。

もしも年下からナメた態度を示されたら、単純にコミュニケーション不足か、年上である「自分の態度」に問題があると思ったほうが建設的だろう。

感情的になって相手を攻撃しても、本質的に状況は変わらないのだ。

自分ができること、変わるべきことを考えて、人を責めるよりも自分自身をアップデートしていこう。

実際、成長過程にある年下は温かい目で見てあげたほうがいい。そういう態度でいれば、いずれ相手もあなたを尊重するようになるだろう。

間違っても、**「年上をナメるな！」とか言って、ブチ切れるようなことだけはしないほうがいい**。ナメられないように威嚇しても、脅しても、ナメてきている相手には「犬が吠えている」ようにしか見えないものだ。

議論をふっかけて論破しようとするのも、やめたほうがいい。自分のバックにはすごい誰それがいるとか、自分の学歴やら職業的な立場とかを盾にしようとするのもNGだ。

「俺を敬え！」と言ってしまう人は、この時点で敗者なのだ。

いちばんの方法は、黙って相手の話を聞くこと。この場合、意見したりダメ出ししたりする必要もない。

「年下の話を聞ける」というだけで、人は尊敬されるものなのだ。

▼『フォレスト・ガンプ』作戦

では、もし自分の上司や先輩が威張る年上だった場合は、どうすればいいだろう？

まずは**前出の「威張る人は怖がっている人」**だという法則を思い出そう。

昔、僕も『ゼブラーマン』という漫画の中で描いたのだが、「意地悪な人は悲しいことがあった人」なのだ。

スピルバーグも、ドラマシリーズ『ＴＡＫＥＮ』の中で、少女に「意地悪な人は怖かった人よ」と、同じようなことを言わせている。

相手がそれなりに過酷な経験をしてきたせいで、今のような態度を取るようになったんだと解釈すれば楽になれる。

生まれながらに威張っている「嫌なヤツ」ではなく、悲しいことがあったから、「嫌な態度をしてしまう人」になってしまった人なんだと理解すればいい。そうすれば、感情に振り回されずに相手を見ることができるのだ。

とはいえ、自分がそんなふうに解釈しているということは、絶対に隠しておくべきだ。

この手の「威張る年上」は、プライドを傷つけられることが何より許せないからだ。

しかも、問題は根深いので、意見を言ったくらいで相手は絶対に変わらない。むしろ態度を硬化させ、より威圧的に年下の人間にあたることになってしまうだろう。

年上が「暴力的な威圧」をしてきたときは、映画**『フォレスト・ガンプ』のガンプのように対応する方法**も有効だ。

ガンプが威圧的な上官に対応するときは、1%の口ごたえもせずに、「イエッサー」「ノーサー」と、「軍隊的対応」をする。

相手は「個人的な苦悩」を年下にぶつけているだけなので、受け流すことに引け目を感じる必要はないのだ。かわいそうではあっても、「それ」はその人の問題で、年下が引き受ける類の問題ではないからだ。

「この人も辛いんだよな」とやりすごせばいい。

逆に、年下の人間からその手の「隙のない対応」をされた年上は、「自分に何か問題があるのか？」と考えはじめるかもしれない。それが、自分を変えるきっかけになるかもしれない。

第4章のまとめ

◆威張る人は「怯える人」「認められたい人」である

◆威張る人は必ず「情報弱者」になる

◆威張らずに「聞け」

第5章

ご機嫌でいる

▼不機嫌を持ち込む人

いつもご機嫌でいるのは難しい。

僕自身も、機嫌が悪いときはよくある。創作活動の最中に、銀行や役所なんかから面倒な話を振られたりすると、本当に滅入るし、苦労して描いた漫画がボツになるなんてことは当たり前にある。

僕の場合は、自信のある漫画に限って売れないことが多かったので、実のところ「心の中は最悪」という日が多いのだ。

人間なら嫌なことは常に起こるし、体調が悪いときだってある。そんなにいつも機嫌よくしてはいられない。

とはいえ、自分の上司や学校の先生が「不機嫌」な様子で目の前に現れたとき、どんな気分になるだろうか？

仮にその「不機嫌の原因」がこちらにあるならば、それは仕方ないので、上司や先生に謝るなり何なり、しかるべき対応をすべきだろう。

ここでの問題は、相手が本人の問題で機嫌が悪くなっているときだ。その嫌な空気をまとったまま現れたら、本当に困る。

楽しく仕事をするのも気が引けるし、意味もなくその「相手の不機嫌」に付き合わされて嫌な気分で過ごさなくてはならない。

そういう「不機嫌な年上の人」は、「自分の問題を自分で解決できない」まま、年下の前に現れている。

そんな人を、年下の人は内心軽蔑するだろう。

自分よりも長く生きているくせに、自分のメンタルすらコントロールできないで、その不満を未熟な者たちにぶちまけているのだからみっともない。そう思われて当然だ。

実は男女の恋愛でも同じことが言える。**「ご機嫌」な人は異性にモテる。「不機嫌」な人はモテない。**

ご機嫌でいられるか、というのは、実は「楽観的な性格であるかどうか？」という話とは違う。

嫌なことがあって本当は機嫌が悪くても、人前ではそれを表に出さないで、相手に不快感を与えないこと。

これは人としての優しさであり、礼儀のひとつでもある。

自分が年上で、誰かの上に立つのであれば、「ご機嫌でいる」のは本来当然の義務だろう。

年上がご機嫌であるべき理由

では、なぜ年上は「ご機嫌」であるべきなのだろうか？

いつもご機嫌な人は「他人に寛容な人」なので、言いにくい話や、どうでもいい話もしやすい。逆に「これを言ったらキレるな」とか、「不機嫌で何言っても怒られそう」と思われていたら、誰も話しかけてこなくなる。

威張る人同様に、その手の人は必然的に情報弱者となり、時代に取り残されていく。

したがって、そういう人間が仕事で決定権を持っているとすると、組織自体の損失は大きい。業績も上がらず、優秀な若手が巻き添えになるという不幸を生む。

また、時代に取り残されている人間は、過去の成功体験だけで仕事を進めようとする。当然、それは通用しない。結果、さらに不機嫌になり、人が離れていく。そんな悪循環が待っているのだ。

年上の人間が何も権限を持っていないなら構わないが、仕事場の舵を握っているとなると、「不機嫌」は死活問題なのだ。

これは職場以外でもまったく同じ。**不機嫌な親や教師に、子供は絶対に本心を言わない**。

問題は大人の知らないところで深刻化、もしくは凶悪化していき、表面化したときには手遅れになってしまう。

子供のイジメ、自殺などが大人の知らないところで進んでいく原因のひとつは、器の小さい年上の人間の「不機嫌」のせいなのだ。

▼「人に会う」なら不機嫌は置いていこう

昔、千葉の海女さんに取材をしたときのことだ。

海女さんたちは、海に入る前に、囲炉裏を囲んで、「それぞれが今抱えている問題」を話す時間を大切にしている、と答えてくれた。

海は危険な世界。「心にモヤモヤ」したモノがあると集中できず、命取りの事故につながってしまう。

だから海に入る前に必ず、心にある嫌なモノをみんなの前で出しきり、「不機嫌」を「ご機嫌」に直してから潜るのだ。

これは、「人に会うとき」すべてに共通する話だと思う。

自宅にいるときまで、自分の感情を抑えて無理に機嫌よく振る舞う必要はないが、誰かに会うときは「今の気分」を露骨に持ち込まないほうがいい。

特に、複数の人が同席する場面で自分の感情をそのまま態度に表すのは、「劇場で泣き出す子供」と同じことだ。

「あー気分悪い」と思っていても、ほとんどの人は、ごく親しい友人や家族などにしかその気持ちを表さないものだ。問題は、「自分が年上で偉い立場だからいいんだ」と、部下の前で今の気分を表に出すことだ。

「自分は今最悪な気分だ」と周囲を最悪な空気にする人は、基本的にまだ「赤ん坊」なのだ。

「人に会うなら、どんなときでも笑顔で」と言うと、かなり無理な話に聞こえるかもしれない。「そうは言っても、どうしようもなく悲しいとき」もある、と言う人もいるだろう。

そんなときでも、「不機嫌な態度をして、みんなを不快にさせてはいけない」と意識するだけで、周囲の反応は違ってくる。その心がけさえあれば大丈夫だ。どんな人でも「辛い経験」はするもの。だから辛い気持ちの人がいれば、その人がどんなに明るく振る舞っていても、「大丈夫？　何かあった？」と、周囲が気づいてくれることは多い。

特に、普段は「嫌な顔をしない人」であればあるほど、何かあったとき、人は理解して受け入れてくれる。

反対に、いつも自分の気分を優先して好きにやってる人が、「今日はもうダメ」と言っても、同情はしてもらえないだろう。

「愚痴は心の排泄物だ」ということと同様に、「不機嫌な態度」も「心の汚物」をまき散らしながら歩いているのと同じだと考えるべきだ。

家を出るときは「海に入る」気分で、不機嫌を消して出かけたほうがいい。

それは難しいことだけど、少なくとも自分より年下の人の前では、不機嫌な顔を見せるべきではない。

なぜかといえば、どんなときでも〝その場の空気〟を作るのは、基本的に「年上の人間」だからだ。

▼機嫌の「コントロール」

誰にでも不機嫌なときはあるし、いつでも機嫌よくしていられない、というのは当たり前だ。しかし一緒にいるなら不機嫌な人より、ご機嫌な人のほうがいいのも明らかだ。

これは結婚生活にも当てはまる。いくら収入が良くても、見た目が良くても、四六時中不機嫌な顔をされていたら、一緒にはいられない。

不機嫌は伝染するので、相手の不機嫌が自分のご機嫌より強かった場合、ふたり揃って不機嫌な毎日になってしまう。独身のころは楽しい人だったのに、結婚したらものすごく「面白くない人」になってしまった、なんてのはよくある話だ。

逆に、「離婚したらすごく明るくなった」という人もいる。相手の不機嫌から解放されたおかげだろう。

そんなふうに、**「不機嫌」はすべてを破壊してしまう**。もし、自分が不機嫌な気分から抜け出せないなら、その原因を探って、少しずつ解決していくしかないだろう。

最悪なのは、「不機嫌」の原因を見つめることもなく、ただ周りに当たり散らすことだ。

こうなると、自分も相手も最悪な状態にしか進まない。

人がひとつの物事を集中して考えられるのは、15分が限度だという学者がいる。だとすると、どんな最悪なことを考えていても15分が限界で、気がついたら別のことを考えているのが人間なのだ。

ふっと「別のこと」を考えている自分に気がついたら、所詮こだわってもしょうがないことだったと、気持ちを切り替える習慣をつけるといい。

不幸になりたいならともかく、幸福になりたいなら、「今、行動すればなんとかなること」は実行に移し、他のことは諦めて、時機を待つべきだろう。

「どうして私ばっかり」とか、「あのとき、あんなこと言われた」とか、「あんな家に生まれたせいで」とか、今さらどうにもならないことを考え出したら、「意味なし！」と思考を止めたほうが、不機嫌は減らせる。

「どういう行動をすれば自分が機嫌よくなるか」も自覚しておいたほうがいい。「肉を食べる」「ビールを飲む」「好きな曲を聴く」「気の合う友人に会う」「海に行く」など、自分の感情の収め方をあらかじめ知っておくのだ。

僕の場合だと、気の済むまで部屋にこもって、誰とも連絡を取らないようにするか、最近はホットヨガに行くことにしている。

もしあなたが「明日はみんなに会うのに、なんか気分が悪くて不機嫌になりそう」と思うのなら、その前に自分の機嫌がよくなることをして、少しでも自分を「ご機嫌」にしてから家を出て欲しい。

そして、人前で「ご機嫌な態度」がとれればとれるほど、現実もご機嫌になっていく。

結果、無理をしなくても自分の周りに「ご機嫌な状況」が生まれていくものなのだ。

▼ご機嫌は「伝染」する

不機嫌が伝染するように、ご機嫌も伝染する。

僕の漫画を手伝ってくれていたアシスタントに、いつもご機嫌なA君という男がいた。

彼は漫画家を目指していたわけでもなく、アシスタントに必要な背景を描く技術に長《た》けているわけでもなかった。だが、「なんとなく迷い込んでしまった猫」みたいに、僕の仕事を手伝うようになった変わり種だった。

彼にはいろいろな能力があったのだけど、何と言っても素晴らしかったのは、彼が常にご機嫌だったということだ。

二泊三日の強行軍が予想される仕事の初日に、必ず大きい声で「玲ちゃん、見て見て〜」とか変なギャグを言いながら入って来る。

彼が来た瞬間、仕事場の雰囲気は必ず明るくなり、みんなが救われていた。

そんな彼の毎日が常に幸せで、嫌なことなどないかと言えば、もちろんそんなことはない。僕が知る限り、普通の人よりはるかにキツいことが起きる人生を送っていた男だった。

僕は、彼と10年以上仕事を一緒にして、今も大事な友人として付き合っている。

彼も僕も、「ご機嫌」は伝染することをよく知っていて、最悪のときにでも決して不機嫌にはならず、そんなときこそ、くだらない冗談を言い合うことを大切にしてきた。自由に生きることを信条にしていた彼は、大学にも行かず、好きなことばかりして、人から見たら完全にアウトなことまでしていたが、現在は有名大卒の人間を率いて、とある大企業で大活躍している。

彼は確かに優秀な男だけれど、その能力の中で何より優れているのが、「ご機嫌でいる力」だったと思う。

▼アドバイスの「説得力」

本当に偉い人ほど、年下の人間に圧をかけないものだが、僕が取材でお会いした心理学者の河合隼雄先生は特に素晴らしかった。

先生は当時文化庁の長官だったが、終始ご機嫌で、長官室でガチガチに緊張した僕に対して、最初からふざけた冗談を言って場を和《なご》ませてくれた。

長年、「心の病を抱えた人」に向き合ってきただけあって、人の心を開くのは見事としか言いようがなかった。気がつくと、僕はすっかり先生に打ち解けて、話はスムーズに本質的な方向に流れていった。

そして何より、先生の言葉には説得力があった。

ちなみに日本の学歴社会の話になったとき、「頑張ったらできると思っているのが日本人の悪いところです。猛練習したらプロ野球選手になれるっていう、あれこそ嘘やからね」というような、なかなか厳しい内容をニコニコしながら話してくれた。

ご機嫌な人の言うことには「説得力」がある。

その理由は簡単だ。今、その人がご機嫌なのは、その人が言っていることが正しかったからだ、と思わせるからだ。もし、その人の言っていること（哲学）が間違っていたら、その人の人生は間違ったものになり、ご機嫌に話してはいられないだろう。

究極を言うと人生に正解や不正解などはないので「ご機嫌」の根拠は主観的なものなのだが、この先の人生に不安を抱えている年下の人間にとって、「ご機嫌な年上の人」という存在は、希望そのものなのだ。

逆に、いつも不機嫌な人が「こうするべきだ」と言ってきても、「それを聞いたらあんたのような不機嫌な人生になりそうだ」と思ってしまうのが人間だ。

「ご機嫌な人の言うことなら信じられそう」というのは、感覚的なものかもしれない。でも、どんな理屈より、その人が楽しそうに生きていること自体が、その人の学んできたことの正しさを証明しているように見えるのだから仕方がないことだ。

「ご機嫌」は人に希望を与え、「不機嫌」は人から希望を奪ってしまうのだ。

▼「年上の義務」を放棄するとどうなるか？

ここまで、「愚痴らない」「威張らない」「ご機嫌でいる」、この３つの「年上の義務」について、考えてきたわけだけれど、改めて、「年上の義務」を放棄した人はどうなるか？　ということについて触れたいと思う。

愚痴って、威張って、不機嫌でいる人からは、自動的に人が離れていくのは当然のことだ。「お前が私を敬うのが当然だ」などと言って生きていたら、その人のもとへ誰も寄ってこなくなる。

典型的なのは、定年後にすべての人間関係が切れてしまう人たちだ。

定年というのは、それまでの自分がいかに仕事上の関係だけで人とつながっていたのかを痛感するタイミングであり、その人の人生の「本当の結果」が出てしまう残酷な瞬間だ。

そうなると、今度はあわてて同世代のかつての友人に連絡を取って、同世代だけで孤独を癒そうとすることになる。

まだここで友人がいる人はマシだろう。

常に不機嫌だったりすると、昔の友人関係も消えていくので、そうなると頼みの綱は家族だけになる。

そんな家族に対しても、「私は稼いでいるのだから」とこれまで不機嫌な顔でずっと威張ってきたのだとしたら、家族にさえ相手にされなくなってしまう。

年上の義務を放棄して生きていくことは、「孤独な最期」に向かっていくことなのだ。

▼「閉じた世界」の本当の不幸

それでも、同世代だけでわかり合えればいいと割り切って生きていくのもありだろう。

でも、その「閉じた世界」は、やがて社会から隔離されていく。

話の中心は、病気の話と若いころの話のループになっていき、若い世代と接触のないまま、彼らを批判して終わったりする。

こうなると新しい出会いや情報は入ってこない。

そして、**何がいちばん不幸かと言えば、「自分が生きてきて学んだ経験や知識を次の世代に伝えられない」ことだ。**

人には自分の個体の遺伝情報を下の世代に伝える、という生物的欲求と、文化を伝えたいという、精神的欲求がある。

自分に子供がいない人ほど、下の世代に多くのものを伝えたいという思いが強いのは、自分が生きてきて学んだものを後世に伝えたいという本能的欲求が人間にはあるからだ。

なので、年下の人から「教えてください」と言われることは、年長者にとって大きな喜びで、「教える」という機会は自分の人生が報われる瞬間でもあるのだ。村の長老が若い人たちに知恵を求められるとき、救われるのは若者だけではない。

同時に長老も、自分の人生が価値あるものだと感じられ、救われるのだ。

僕が取材で年長の人に話を聞かせてもらいにいくと、嬉しそうに「聞いてくれるの?」と言ってくる人が多くいた。

作家の団鬼六さんは、「遺言聞きにきたの?」と、人工透析を拒否して黄疸の出はじめた体で、にこやかに応対してくれた。

2回目に伺ったときは、取材謝礼も気にせず、鰻をご馳走してくれた。そして、教員だった頃に、英語の授業をせずに生徒に自習をさせながら、自分は副業のエロ小説を書いていたこと、儲けたお金で横浜にバー付きの自宅を建てたが、相場ですべて飛ばしたこと。そんな「豪快な武勇伝」を語ってくれたのだが、団さんが本当に伝えてくれたのは、自らの波乱の人生から導いた「自由に生きることとは何か？」という永遠の問いに対する本質的な答えの数々だった。

多くの著作のある団先生だが、それでもまだ次の世代の人間に伝えたいことがあったようで、嬉しそうにその「思い出」と「思想」を語ってくれた。

これは聞いている僕らも幸せだったけど、団先生自身も嬉しかったのだと思う。

どんなに成功した人でも、年下の人に話を聞いてもらえるのは嬉しいことなのだ。

年上の義務を果たしてこないと、そういった「人生全体が報われる瞬間」がこないまま死ぬことになる。

逆に言えば、**愚痴らず、威張らず、ご機嫌でいれば、自動的に周りに人は集まり、不幸な孤独は減っていく。**

大人に限らず、中学生でもこの３つのことを実践していけば、人生から孤独は減り、多くの人が助けてくれるようになるだろう。

第5章のまとめ

◆人に会うなら「不機嫌」は置いていけ

◆「ご機嫌」も「不機嫌」も人に感染する

◆「ご機嫌」は希望を与え「不機嫌」は希望を奪う

第6章

「年上の義務」をめぐるQ&A集

Q 威張らずに機嫌よくしていたい、とは思うのですが、人間なのでなかなかそうはいきません。そうまでして年上は年下に対して演技をしなければいけないのでしょうか？（38歳・会社員）

その気持ちはわかります。

どうにもならないときは、誰にでもあると思います。

でも、初めから「俺には、威張らないでいつも機嫌よくしているなんて無理だからやらない」とか、「年下は我慢するものだ」と開き直って、無闇に若い人に圧をかけるのならば、そういう人には「年上の資格」はないと思います。

努力を放棄した人は、最低限「頑張ろうとしている人の邪魔」だけはしないでいただきたいのです。

もし、「どうにかしたい」という思いが少しでもあるのなら、意識をしていれば少しは改善されていくと思いますし、それでもどうにもならないときには、なるべく人に会わないようにすればいいと思います。

Q

毎年、「今年は天海祐希」とか、理想の上司が発表になります。自分も人の上に立つことが多くなってきました。山田さんの理想の上司像は誰ですか？　参考にしたいので教えてください。（32歳・公務員）

特定の人は浮かばないけど、しいて言えば、「部下を信じてくれる人」じゃないかと思います。

部下の失敗や試行錯誤をしている様子をちゃんと見て、最終的には「君はやれる人だ」と信頼して任せられる。そういう寛容さがあるかどうかが、大きいと思います。

それをしてあげられるかどうかで、若者の可能性はまったく違ってきます。すぐに結果が出ないと「お前はダメだ」と烙印を押すような人は、ダメな上司だと思います。誰しもいろいろ経験や試行錯誤を繰り返して今があるからです。

また、失敗をしてきた人間は、「今後の失敗」の可能性を減らしてくれる存在です。会社や研究所などの団体にとっては、大きな「財産」になります。

一度失敗したからクビになったという例がひとりでもいると、誰も「新しい挑戦」ができなくなってしまいます。結果が出なかったからといって次々クビを切っていったら、組織全体が硬直していきます。

ちなみに、映画監督の三池崇史さんは、強面《こわもて》ですけど、若い人の挑戦には寛容で、圧をかけない人です。彼が多くの仕事を依頼される背景には、仕事の手際や、映像のセンス、大胆な演出もあるでしょうが、なるべく若い人にチャンスを与える「寛容さ」にも一因があるんだと思います。

「黙って見守る」ということができる人間が、「上司の資格」のある人だと思います。

Q 年をとると、偏屈になる人と、たおやかになる人とに分かれます。どうしてでしょう？ （37歳・会社員）

偏屈になる人は、人間関係が滞《とどこお》ってしまったことに原因があるのだと思います。

人との交流が足りていないから偏屈になって、そのことで人が離れていく、という悪循環にハマってしまっているんでしょう。

人生は、自分が生きた長い時間の中で、「与えてきた愛」が返ってくるプロセスです。自分が与えてきた愛が少なければ、人から与えられる愛が少ない、という結果になります。

偏屈になる人は、「**相手に愛を与えてきていなかった人**（与えたつもりでも伝わっていなかった人）」なのでしょう。

その反対に、たくさん愛されるおじさんやおばさんがいたとするなら、それは「**人をたくさん愛してきた人**」というだけの話です。

瀬戸内寂聴さんは、みんなを救ってきたから、みんなに助けられている。結果、自分も救われているのです。

Q 人は25歳を過ぎると性格は直らないものだと思います。25歳を過ぎてからも柔軟になるためにはどうしたらいいでしょうか？（30歳・OL）

まずは「自分がどうなりたいのか？」ということを考えるところからはじめるべきだと思います。

あと何年生きて、その何年間を「どういうふうに生きたいか？」と考えたときに、どうすれば、自分が望むかたちで生きられるのか？　それに近づけるのか？ということがおのずと見えてくるはずです。

人は「自分の性格がもとで起こるトラブル」を、本当は自覚していることが多いんです。本当は「自分の性格の問題点」に気がついていて、見ないことにしているんです。

その上で、このままずっと人と喧嘩しながら生きていくか、みんなに慕われて生きていくかの話なんです。

人に「嫌なことを言う人」は、相手にも「嫌なこと」を言われます。人の失敗を許せない人は、周りが「敵だらけ」になってしまいます。

何かひとつのことをするのにも、周りが敵だらけだと大変です。

だけど、味方だらけなら可能性はどんどん広がっていきますから、毎日が楽しくなっていくんです。

どっちを選ぶ？　という話です。

「何年後にどういう人になっていたいか？」という問いから逆算して考えれば、自分自身の中で変えるべきポイントにたどり着きます。

人は環境で変わるので、僕は25歳を過ぎても性格は変えられると思います。

実際、僕自身も毎年変わっています。今年も随分変わりました。

いくつになっても、「変わること」は可能だと思います。

Q 年上には山田さんの言う義務を絶対果たしてもらいたいところですが、年下がやってはいけないことというのは何ですか？（20歳・学生）

絶対に言っておきたいのは、**死なないこと、自殺しないこと**。これだけはやってはいけない。年下には、年上にはない未来という時間がある。どんなに「クソみたいな人間」が周りにいても、「明日がどうなるか」はわかりません。

1945年8月15日を想像してみてください。

それまでの社会が一夜にして、180度ひっくり返ってしまったわけです。だから未来を見もしないで人生を放棄するのは、時期尚早《じきしょうそう》なのです。

世の中には生きたくても生きられない人がたくさん存在します。今、この世で、しかもまだ平和な日本で生を受けているなら、絶対に生きなければならない。

「逃げてもいいけど、自ら死ぬな」

あえて言うなら、それも「年下の義務」のひとつです。

Q 年上が偉いのは多くのことを経験しているからでしょうか？　本から得る知識は経験にはかないませんか？（20歳・アルバイト）

取材をした人たちのうち、何人かは若いころ、本屋や図書館にある本のほとんどを読んだと言っていました。

それは尊敬に値することです。

ただ、そういう人は、「読書以外のこと」もしているものなのです。

僕がやっているニコ生チャンネルの相棒の「おっくん」は、ものすごい量の読書をしていますが、同時に世界一周の旅や、劇団の公演やバンド活動などもしています。

読書で危険なのは、本で得た知識を「自分のもの」だと錯覚してしまうことです。

「何とか賞」を受賞した誰それさんが書いていた、という〝権威〟を根拠にして、そのまま鵜呑《うの》みにしてしまうのも危険です。

その辺にいる「普通のおじさん」の言葉でも、自分が「すごい」と思ったのなら、それはそれで「名著」の読書に匹敵する体験です。

本から得た知識だけでは、本当の「教養」にはなりません。

経験をしているから年上は偉いと考えるのは早計《そうけい》です。

問題は、「**その経験で何を学び、そこから自分の人生をどうつくり上げていったのか？**」ということなのです。

そうしてつくり上げた「人格」がある程度のレベルに達していれば、人間ってのは「勝手に尊敬される」ものなのです。

Q 尊敬できない大人に囲まれている人は、どこに救いを求めればいいのでしょう。（16歳・高校生）

まず、自分をグーグル・アースのように俯瞰《ふかん》して見てみましょう。

それで日本が小っちゃくなるところまで上がっていくと、自分を囲んでる大人なんか、大した数ではないことに気づくと思います。

半径100メートルの範囲の中だけでも、自分を囲んでいるクソみたいな大人よりはマシな大人がいるかもしれないんです。もしかしたら、電車で４～５駅の距離に、「最高の大人」がいるかもしれないんです。

そういう人に出会う方法は、いくつかあるのですが、まずは、自分の心を防御している「ケッ」と人を突き放す癖を止めるところからはじめたらいいと思います。

繊細な人ほど、何かムカつくことや偽善者などに会ったとき、心の中だけで「ケッ」と悪態をつき、吐き捨てているものです。

そうすることによって、自分の心を守っているのです。

それは、ある程度は仕方ないのですが、問題はその「ケッ」の使い方です。

確かに、世の中には「クソみたいな大人」がたくさんいます。でも、大事なのは、「大人のすべて」を「ケッ」と切らないことです。

そうして、いったん自分の「壁」を壊してみれば、話を聞くべき相手というのも、自然と見えてきます。

これだけいろんな人がいて、ＳＮＳも発達している時代では、自分の感性に引っかかる人は自然と出てくるものです。

同時に、自分をがっかりさせるようなバカな大人をどんどんブロックしていけば、自然と淘汰されていきます。

自分のSNSをどんどんブラッシュアップしていくだけで、冴えた人は見つかると思います。

そのときに大事なのは、「ある種のイデオロギー」に傾かないようなバランス感覚です。イデオロギーというのは、別に政治関連のことだけではありません。「代官山が最高で、北千住はダメ」とか、住んでいる場所で人を〝差別〟するイデオロギーもあれば、「見た目至上主義」や「収入至上主義」「学歴至上主義」もいまだにあります。

これらはすべて「物差しの種類」に過ぎないのです。

「見た目至上主義」が正しいのかどうかは少し考えれば明らかです。自分がルックスで苦しんでいるのなら、「その考えにとらわれている集団」から距離を置けば、少しはその問題から解放されるでしょう。

そんな「場の空気（イデオロギー）」に惑わされずに、自分が「この人尊敬できるな」という人を見つけたなら、その人をフォローすればいいんです。

そして、「尊敬できる人」を見つけたら、頑張って「その人にふさわしい自分」になりましょう。

そんなこんなで、「心の壁」を壊して、「自分の目」で見て、「試行錯誤」を続けていけば、自然と尊敬できる人に近づけるものです。

Q　年上への哀れみは絶対に伝わってしまうと思います。そんなときはどうすればいいですか？（18歳・大学生）

前述の「ケッ」を伝わらないようにするためには？　ということですね。

今まで触れてきたように、尊敬できないような行為や、困った行動をする人は、ほとんどの場合、「辛かった過去」がある人です。

ずっと辛いだけの人生だった人なのだから、本気で気の毒だと思います。

だからまずは許してやって欲しい。

年下からそういう人たちを見て、「こいつバカだな」と態度で示すよりも、「かわいそうだな」と思い、許してあげればいいんだと思います。

そして、人間は常に寛容でいることは難しいですから、そういう人からは距離を取ることをお勧めします。一緒にいる時間を減らし、会ったときは許す。これが困った年上への対処法です。

Q この会社にいると体を悪くするとわかっている。でも女房子供は食わせていかなければいけない。逃げられないときは自分で周囲の環境を変えるしかないんでしょうか？（32歳・会社員）

「逃げるべきとき」には、逃げてもいいと思います。

ただし、「逃げる」にもいろんな種類があって、たとえば月に1回、カプセルホテルや健康ランドなんかに泊まるだけでも、ちょっとしたガス抜きになると思います。

人は「どっちかひとつ」しかない、という「二元論」で生きていくと、持ちません。

「どっちにするの⁉」と責められても、「どっちも無理です」という場合があるからです。それ以外の「**別の選択肢**」を考えるのが、追い詰められないための方法だと思います。

もし奥さんや上司に追い詰められていて、このままいけば来年病気になって死ぬだろうと思っているなら、月に1日の外泊を提案して、それも無理なら2日くらい、「なんちゃって失踪」をしてみてもいいかもしれません。

迷惑はかけるかもしれないけど、抱え込むことで病気や自殺をするくらいなら、それくらいは仕方ない話でしょう。

Q ご機嫌に振る舞って、軽く見られてしまったらどうすればいいですか？

（30歳・フリーター）

実際のところ、「軽く見られる」というのは、そう悪いものではありません。むしろ求められるハードルが低いので失敗も許されるし、そのぶん「挑戦」もできます。

そんな「軽く見られていたヤツ」が、いい結果を出したりすると、「あいつスゲーぞ」とかえって評価を上げたりするからです。

逆に、実質が伴っていないで重く見られている人のほうが、生きていくのは大変でしょう。

ナメられないように周囲を威圧なんかしていたら、さらに大変です。もし仕事で失敗しようものなら、偉そうにしているくせに「大したことないヤツだ」と、悲惨なことになります。

実際は、**「ご機嫌な人」をナメてかかる人はそんなにいないものです。**

なぜなら、「ご機嫌でいる」ということは、自分の問題（感情など）をコントロールできる余裕がある人間だということを示していることでもあるからです。

逆に、「いつも不機嫌」だと、この人は自分の感情もコントロールできない人なんだな、と陰でナメられます。

「威圧」も、弱い人間だから威圧しているんだ、とバレてしまっているものです。

Q いじめの連鎖を断ち切る方法はありますか？（25歳・会社員）

その「場所」から離れることです。

それでもなおお気がおさまらない、復讐がしたいようなら、匿名で「あそこはいじめがひどい」とリークすればいいと思います。

いじめの連鎖もまた「先々代から続いている」話で、「いじめられた人」が「いじめる人」になり、たまたま近くにいる人がいじめられているだけのことなのです。それは玉突き事故のようなもので、もちろんいじめられている当人のせいではないのです。

でも、車間距離を取って走ってさえいれば、目の前で事故があっても避けられる可能性はあります。

そもそも、玉突き事故が起こる高速道路を走らなければいい。この道から降りてもいいよ、という話です。

Q 山田さんが思っている尊敬できる大人の定義を教えてください。（23歳・会社員）

「尊敬できる大人」の最低条件は、やっぱり「年下を失望させないこと」だと思います。

「長く生きてきた」ということは、それだけ何かに挑戦できるチャンスがあったわけですし、失敗しても立ち直る時間もあったわけです。

また、「長く生きた」ということは、そのために大量の〝食料〟を摂取してきたわけです。人の人生は、栄養となる多くの人たちの力や言葉によって支えられてきた時間です。その間、「なんとなく無為に過ごしてきた」というのでは、力になってくれた人たちが報われません。

それをきちんと自覚し、大人は年下に「かっこいい」とか「俺もあぁなりてえ」と思わせられる人間を目指すべきです。自分は昨日よりも「マシ」と思える存在になれているか？　と常に意識することも必要です。

その他の条件は、「達観」しつつ「現役」な人ということです。

「お金があるから一生安泰だ」と、何もしなくなる人を、僕は軽蔑します。

「安定してるし、結果も出したのに、まだ悩むのか」という人を僕は尊敬します。

こういう人は、自分のことではなく、「他者」のために悩む人です。

こういう人を僕は尊敬するし、自分もそうありたいと思っています。

Q いつから「年上の義務」を意識するべきなのでしょうか？（26歳・会社員）

基本的に、自分より年下の人がいる環境なら、年齢に関係なく年上の義務を意識したほうがいいと思います。

とはいえ、まだ若くて、後輩のほうも自分をそれほど敬っていないと思われる場合は、普通に接してもいいと思います。

もし、年下が自分に敬語を使っていたら、その段階で、年上の義務を意識するべきでしょう。

年上に権力が発生する社会人になったら、もう逃げられません。「義務」もしっかり果たすべきです。高校の部活もそうあるべきだと思います。

義務をきちんと意識できれば、年下の人から、「あのようになりたくない」と思われないですむでしょう。

Q　年齢や「年上」というだけで否定されるのは納得できないし、過剰な義務を負う理由はないと思っています。（50歳・会社員）

日本は、「若い」とか「年下」であるというだけで、理不尽な扱いをされることが当たり前にある社会です。

逆に言えば、年上であれば許されることが多いという状況が社会を悪くしてきた面もあるのです。

年上に多くの特権がある以上、それに見合う義務がなければ、年下の人間は不満を内部に蓄積させ、その不満はいずれ爆発します。「オヤジ狩り」や「親殺し」などの惨劇につながる危険もあります。

今までに膨大な恩恵を受けながら、それを負債にして若い世代に残す以上、**この国の年長者は「年上は絶対」という考えを改めなくては、この先、確実に「切り捨てられる」のです。**

Q たった3つの義務を守ったところで、いまさら周囲の尊敬を集められるとは思えないし、年長者が年下に媚びを売る余裕も必要もないと思う。

(55歳・自営業)

愚痴らず、威張らず、ご機嫌でいる、ということは、「媚びた態度」ではありません。

社会的尊敬を集める人格者の多くが普通に実行していることで、それは卑屈なことではありません。

周囲の尊敬を集めるのは、威張るような人ではなく、ほとんどが「温厚な態度の人」なのです。

しかし、たった3つのことではあるのですが、実行するのは簡単なことではありません。

年長者になればなるほど、責任は増え、プレッシャーも大きくなってくるからです。

その結果、あらゆる職場に（気楽に見える）若い世代に「圧」をかける年長者がいるのが普通です。

しかし、だからこそ、この3つを実行できる人には尊敬が集まるのです。

「私にはその余裕はない」と思考停止して、義務を放棄した人には、人間関係に何の進歩も起こりません。

でも、覚悟を決めて、義務を実行した人の人生は、よほどのことがない限り、明るいものに変わっていくはずです。

Q 職場などで「老害」が起きているとき、年下の人間はどうしたらいいですか？（29歳・会社員）

職場など、権限を年長者に握られている環境では、その年長者に直訴して効果のある改善を期待することは、絶望的な場合が多いでしょう。本人が若い世代に心を開かない限りは何も変わらないからです。

多くの場合、「若い連中の言うことなんか聞いてられるか」と思っている年長者がほとんどでしょう。

ドラマなどでは、そんな権限のある年長者（社長とか）の奥さんや、娘なんかを味方につけて、彼女たちの力で解決する、みたいなケースもあるのですが、これも現実的には（なくはないけど）難しい話です。

できることがあるとすれば、その「害になっている年長者のやり方」ではない、自分たちの思う方法で、いい結果を積み上げていくことでしょう。

つまり、年長者の言うことは「可能な限り」聞いて、それ以外は水面下で試行錯誤する方法です。

なるべく不毛な議論は避けて、年長者に期待せず、自分の力で解決できることは解決していくのです。

若い世代のやり方で難局を乗り越えた、という結果が出れば、事態はいくらか変わる可能性もあります。

また、年長者からは、「何で俺に相談しないんだ」と言われることもあるでしょう。ですから、可能な限り「相談」もしたほうがいいと思います。相手に従わなくても、話を聞くことで、多少は相手の妨害が減るので、相談は無駄ではありません。

年長者が「老害化」した場合には、相手と戦って追い出すか、そこを辞めるか、「自分たちが成長する」しかありません。

なので、現実的には、自分が成長して結果を出す、というのが理想だと思います。

第7章

「イノベーション幻想」の終わり

▼「努力は無意味」の時代

「その時代の人たちがどんな文化を好んでいたか?」という観点でヒットした各世代の人気コンテンツを見ていくと、時代の気分の変遷《へんせん》がつかめる。

戦後世代の大人に対する反抗の気分は『太陽の季節』に象徴され、80年代の「もう悩むのは馬鹿らしい」という気分は『Dr.スランプ』に表れていたと言える。

そして、近年の「人気コンテンツ」を見ると、浮かび上がってくるのは、「ファンタジーブーム(魔法で解決時代)の終わり」という空気だ。

ここに来て、若者が現実と向き合う準備を始めている雰囲気があるのだ。

そして、**その中でいちばん重要な変化は、「努力」に対する意識の変化だ。**

かつて、日本では60~70年代の「社会変革の挫折」と80年代の「バブル体験」によって、「努力するヤツはバカだ」という空気に覆われた。

汗と血にまみれてデモやバリ封なんかをしても社会は変わらなかったし、時代がバブルになり、少しの汗もかかずに電話一本で億の金を手にする人たちが現れたからだ。

あだち充の漫画作品の主人公は、初期作品では「努力」を見せるが、途中からは「なんとなくやってみたらできた」という描かれ方をするようになる（陰で努力していても見せない）。

ＲＰＧ『ドラゴンクエスト』も、『北斗の拳』も、『ドラゴンボール』も、「あらかじめ特別な存在」として描かれていて、読者はそんな「特別な主人公」に自分を重ねた。

つまり、自分は特別だから、いつか（努力もしないで）認められる、と思っていたのだ。

これは女性側も同じで、「何もない私」と思っていたけど、実は秘めたる魅力があって、それを王子様が見つけてお城に連れていってくれる、という「シンデレラ信仰」がバブルの経験で、より強固になっていく。

漫画『白鳥麗子でございます！』の主人公は最初から大金持ちのご令嬢だし、『花より男子』では庶民の女の子が、闇雲に「大金持ちのイケメンたち」に囲まれる。

生まれながらの「魔界のプリンセス」みたいな漫画も多く生まれ、かつて汗まみれになって特訓していた『アタックNo.1』や『エースをねらえ！』みたいな女のスポ根モノは消えていった。

▼「根拠なく勝つ」私

そんな時代の空気の中で生まれ育った世代（80年代後半から00年代に学生だった人たち）には、そんな「**根拠なく勝つ**」という信仰が刷り込まれている。誰もが信じていれば、「最後に愛は勝つ」わけで、誰もが特別な「世界に一つだけの花」だと言われてきたのだ。

児童漫画では、映画版の『ドラえもん』以外では、主人公・のび太は努力などしないし、主人公がヒロインに愛される根拠は、「ドラえもんがついているから」みたいにしか見えない。

青年漫画でも、『島耕作』シリーズなんかは、何かしらの偶然ですべてがうまくいく。

『ポケットモンスター』では、戦うのは「捕まえたモンスターたち」で、主人公は戦わない。ポケモンマスターという立場で、傷つかないところから敵と戦って、（ポケモンが）最後は必ず勝つのだ。

70年代半ばまでは、「人は負けることがある」というのが大きなテーマとして物語の中にあった。

しかし、77年の『スター・ウォーズ』の選ばれし者の「圧倒的なハッピーエンド」の登場で、すべての空気が変わってしまった。

ただし、監督のジョージ・ルーカスが描きたかったのは、そんなに単純なことではなく、むしろ「**選ばれていたのに負けていったダース・ベイダー**（**ルーカスの父の象徴**）**の鎮魂**」だった。『スター・ウォーズ』は、そんなルーカスの父と自分との和解を描いた物語でもあるのだ。

しかし、最初に製作されたエピソードⅣ「新たなる希望」の物語は、その「選ばれし者の勝利」を強烈に観客の心に刷り込み、時代の空気は決定的に変わった。

▼「勝てばいいじゃん」と言う勝者たち

そんな「勝つのは当然」と思って育った人たちは、バブル崩壊という「負け」を認めないまま、ズルズルと次なる「ラッキー」を待望していた。

彼らは、バブル崩壊の責任問題も、反省も、構造改革も中途半端にしたまま、「IT」なる次の「夢」にすがろうとした。

子供たちは『ハリー・ポッター』に夢中になり、「魔法界のプリンス」と「エリート魔法学校の生徒」という世界の中で遊んだ。

特に00年代は、「ITベンチャー」と「集団アイドル」がもてはやされた時期だった。それが「ホリエモンたち」であり、「前田敦子たち」だった。

敗者の物語として『銭形金太郎』や『ホームレス中学生』などもあったのだけれど、そこでの「貧乏」は、あくまでも「人の不幸を楽しむ」ためのコンテンツにすぎなかった。視聴者は、「自分には起こらないであろう」という目線で、不幸な人たちの様子を楽しんでいたのだ。

一方、「ホリエモン的勝者たち」は「勝てばいいじゃん」というメッセージを発し、99・99％の「勝てなかった者たち」の存在は、「要領の悪い残念な人たち」としてスルーされていた。

つまり、「根拠なく勝つ」ことを信じる人たちは、ホリエモンのように東大に行き、ITビジネスのように時流に乗るセンスさえあれば、圧倒的勝者になれると信じ、負けることの可能性を視界から外したのだ。

同時期の漫画『ドラゴン桜』の主人公は、「バカとブスこそ東大に行け」と言い、やり方次第で誰でも東大に行ける、というムードを煽った。

ビジネスの成功者が、挑戦者に出資するかどうかをプレゼンで競わせるバラエティ番組『¥マネーの虎』も、この時期の人気コンテンツだった。

ここに出てくる成功者は、まさに「勝てばいいじゃん」の思想で人生を語っていて、それを観る者たちもまた、「自分も勝てばいいんだ」と思ってそれを観ていた。

しかし、なぜ「自分は勝てる」と決まっているのか？　という命題からは目を逸らした。

根拠はなくてもよかった時代に育ったし、努力なんかダサいと言われていたからだ。

そしてここに「空前のスピリチュアルブーム」が乗っかる。

根拠を「守護霊」や「前世」に求めていく流れが、ITという新しい信仰とともに盛り上がりを見せるわけだ。

ここまでが、00年代の後半までの流れである。そしてザッカーバーグのフェイスブックと、アップルのiPhoneの大成功で、人々は最後の夢にすがろうとしていた。それこそが「イノベーション」という魔法のような「何か」だった。

東日本大震災の後に見えたもの

もはや「紋切り語」となったイノベーションという言葉は、広辞苑によれば、「生産技術の革新・新機軸だけでなく、新商品の導入、新市場・新資源の開拓、新しい経営組織の形成などを含む概念」とある。

つまり、それまでのモノ・仕組みなどに対して、まったく新しい技術や考え方を取り入れて新たな価値を生み出し、社会的に大きな変化を起こすこと……らしいが、俗っぽく言えば、「**アイデア一発で大成功する**」**という夢でもある。**

ここでも「私は選ばれているから大丈夫」と思い込んだ連中が、「最後は勝つ」と、その信仰にすがったわけなのだ。

「ルーク……、『イノベーション』を使うのじゃ……」というわけだ。

そんな「イノベーションで世界を変えた、ほんのひと握りの成功者」だけを見ていた時代が00年代の終わりまで続き、「本当はどうにかしなければならなかった問題」は「無視」され、水面下で「肥大化」していった。

構造的な歪《ゆが》みが生み出す「終わらない不景気」は、ブラック企業などの雇用問題を膨らませた。国が抱える借金は常に「パンクする危険性」をはらんだまま、海外の株価の動向に揺さぶられていた。

そこに「２０１１年3月11日」がやってくる。

現実を見ようとしないで逃げてきたこの国に、現実が圧倒的な力で襲いかかってきたのだ。

見ないことにしていた数々の問題が一斉に爆発した。

そこで露呈した事実は、国家や社会常識など、「なんとなく信じていたもの」が、「あまりにも信用できなかった」ということだ。

最も信用を失ったのは、「報道」だった。国民にとって本当に必要な情報を流さず、深刻な情報は数ヵ月、数年後に発表された。国民を守るはずの政府は、情報を曖昧なまま隠蔽《いんぺい》し、国内にいた外国人のほうが「マシな情報」を得て日本を脱出していった。

それまでは「危険」とされ、「厳重に管理して地下深くに埋めなければいけない」とされていた放射線の汚染数値が、突然「ただちに健康を害すレベルではない、安全（?）な範囲」とされ、本当は何が「安全」なのかわからないまま、時間だけが過ぎていった。

それと同時に、「情報番組」が「奇妙なもの」になっていく。いろんな問題が深刻化しているはずなのに、本質に迫る突っ込んだ議論がテレビから聞かれなくなった。昔はたくさんいたように思えた「政府や企業を批判する人」が、少しずつテレビから消えていったように多くの人が感じていた。

一方ネットでは、「工作員」と呼ばれるアカウントが、何かに対して批判したり、疑問を呈したりしている人を見つけては攻撃している、という匿名の情報が流れていた。

すべてが曖昧なまま放置され、社会に不穏な空気が漂いはじめた。

この時「かつて日本を支えていた年長者が作った社会」が、完全に、信用を失ったのだ。

そんな中で、これまで声を上げられなかった若い世代が行動を起こしはじめた。

僕の知り合いの環境系のイベントを主催していた人たちの多くは、東京を捨てて地方でビジネスを始めた。彼らは、十年前に環境系の新しいムーブメントの中心にいた若者たちだ。また、近年の日本では珍しく、若者主導の社会活動も増えてきた。

彼らの多くが、「旧来型」の価値観で上から押さえつけてくる「(旧来型の)年長者」から離れ、新しい道を模索し始めた人たちなのだ。

▼イノベーションは「普通の人」にできるのか？

そういう「（旧来型の）年長者」を切り捨てて自らの道を歩みはじめたのは、いわゆる都会の〝情報強者〟であり、一部の「選ばれし者」たちだけなのかというと、そうではない。

長い停滞と救いのない日々に前の世代がすがりついた「イノベーション」という「最後の魔法」から、多くの人が目覚めようとしているのだ。

端的に言えば、「**自分たちはジョブズではない**」と、気づいたというわけだ。

そもそも、「イノベーション」に必要な「革新的なアイデアを生むこと」と、「それを実行に移す方法」について、日本人はほとんど学んでいない。

それは「新しいアイデアを考える授業がない」というような生易しい話ではない。

「新しいアイデアは遺す」という環境で、「昔ながらのこと以外はしてはいけない」という教育が徹底的に行われているのが、日本の学校の現実なのだ。

これは学校だけにとどまらない。

役所や、企業や、保育園の保護者会などはもちろんのこと、自治会の運動会ひとつでも、「新しい試み」などできないことがほとんどだ。

これらの場所で「新しいアイデア」など持ち込んでも、抵抗がすさまじく、すぐにやる気を失ってしまうのが関の山だ。結局その自治会で引き継がれてきた「やり方」を、(疑問があっても)続けるしかない。

学校では「とにかく正解を書きなさい」と言われ、社会に出れば「ここじゃこういうやり方なんだから、新しいのはいらないんだよね」と言われるのだ。

「そんなことはない、私のところでは、若い人に自由にやらせている」と言う人もいるだろう。では、そういう人には、「新しいことはするな」とか、「人と違うことはするな」と言われた経験はないだろうか?

この国において最も楽で無難な生き方というのは、「みんなと同じ」ように振る舞うことなのだ。そういうふうに躾られて育った人間に、イノベーションなどという「人と違う新しいアイデア」なんかを生み出せるはずはないのだ。仮に斬新で有効なアイデアを思いついたとしても、現場で決定権を持つ人間に阻止されてしまう国なのだ。

人間、個人差はあれど若いころは情熱を持っていて、年をとるごとに徐々に衰え、行動を起こすのが面倒くさくなってくる。すでに情熱を失った人間が直属の上司だったら、もはや「イノベーション」など不可能だ。「いいから結果出せ」と言ってくるので、冒険はできない。

結果、生まれるのは、無難な「いつものやつ」になってしまう。

つまりイノベーションを阻んでいるのは、「(変われない) 年上の人間」と、「ついていくだけのその他大勢」なのだ。

地道な「努力」のはじまり

スティーブ・ジョブズが若くして第一線に躍り出たのは、早くから学校や会社などの「組織」から離れ、自分が納得する環境をつくったことが大きい。

つまり、彼の周りには「旧来型の年長者」がいなかったのだ。

これについてはジョブズは見事で、東洋の哲学者や宗教家など、学ぶべき「先人（年上）」からはしっかりと学んで、自分の障害になるであろう「邪魔な年長者」を周囲から外していったのだ。

やがて彼は、自分のビジョンを実践するために残酷なワンマン経営者になっていくのだが、これもイノベーターの宿命に思えてしまう。周囲の人間に頼らず、徹底して自分のアイデアを優先していったからこそできたイノベーションだったのだ。

ここには並外れた情熱と努力があったはずだ。

ジョブズに憧れた経営者が、もし、そのワンマンぶりだけをマネしたら、その会社は最悪な方向に向かうだろう。

ジョブズがあれだけのことを成し遂げたのは、とにもかくにも「アイデア」と「ビジョン」があったからで、こればかりは「神のギフト」に類する話なのだ。

ただやたらと社員を怒鳴り散らしても、アイデアがなければ奇跡は起こらない。

そんなジョブズのような奇跡の物語にすがる「旧世代」を尻目に、若い世代ではまた「新たなる動き」がはじまっている。

『スター・ウォーズ』からはじまる「選ばれし者たちの物語」で育った「自分は特別」「自分だけは大丈夫」「最後には必ず勝つ」と信じて、諦められない世代とは別の、初めから「選ばれていない」と思っている世代の登場だ。

それが、今の10代から20代半ばくらいの世代である。

彼らは、「世界一になんかなれないし、目指すのも無茶ですよ」と思っている世代だ。「若いのに夢がない」なんて言うかもしれないが、**よく考えてみれば「世界一になる」っていうほうが異常な感覚ではないだろうか？**

かつて、事業仕分けが話題になったときに、「2番じゃダメなんですか？」と言う議員がいて、みんながそれを「ネタ」にして笑ったけれど、むしろその指摘は遅すぎるくらい「正しい」。

「世界一の○○になれよ」なんて言っていられたのは、世界というものが感覚的につかめていない「戦後まもない時代」の感覚だ。誰もがジョブズやイチローになれるわけではないし、そういう環境がそもそもない国なのだ。

そんな中でイチローみたいになれる野球選手は、全国の野球少年の中の０・０００００００１％くらいだろう。

そういう無茶な目標を立てるのが「子供らしい」ということなのだろうが、子供にとっては迷惑な話だ。あらかじめ「挫折が決定している夢」って、いったい何なんだろう？

そもそも０・００００００００１％くらいの確率でしか成功しない目標を立てることそのものが、「異常」な話ではないだろうか？

そんな「根拠なく特別」だと思っている愚かな大人を横目に見ながら、若者たちが「地道な努力」をはじめたのを感じる。

僕にアクセスしてくる若い人は、昔から真面目な人が多かったのだけれど、ここ十数年は「心を病んだ人」が多かった。

ところが、最近は、具体的に行動を起こす人が増えてきているのだ。

中には、「もう引きこもりは止めて外に出てみます」とか、「ライブ始めました」「海外に住んでみることにしました」とか言ってくる人が増えてきた。

そして、そのどれもが現実味のある地に足のついたものだったりするのだ。

▼『セッション』と『ワンパンマン』の衝撃

15年公開の映画『セッション』は、音楽学校でドラムを学ぶ青年の話なのだが、特筆すべきは、その主人公の青年が「特別な才能がない人」だということだ。

今までは、一見平凡でも実は天才とか、すごい音楽家の息子だったとか、何かしらの「奇跡」が入っていたりしたのだけど、彼には音楽が好きということ以外に何もないのだ。

そういう場合は恋人や仲間が支えてくれたり、師匠が素晴らしい人だったりするのだけれどそれもない。

ないどころか、恋人も仲間も家族まで切り捨てて音楽に生きる。しかも肝心の師匠が超スパルタの鬼のような人間である上に、人格的にも最低の男とくる。

こんな状況で主人公がすることはただひとつ、「努力だけ」なのだ。

手の血豆を潰して血まみれになりながらもドラムを叩き、交通事故で腕が痙攣《けいれん》しているのに演奏に挑むのだ。

僕が注目するのはこの映画を作った監督、デミアン・チャゼルが当時まだ29歳の若者だった、という点だ。つまんねえ夢なんか見て、起こりもしない奇跡を待つより、「限界まで努力する」主人公は、過去の自分をモデルにしている。

そんな映画と時を同じくして、日本ではＯＮＥという不思議な漫画家が脚光を浴びはじめている。

彼の漫画『ワンパンマン』の主人公「サイタマ」は、従来の定番である「とてつもなく強い能力」を持っているのだが、主人公はあくまでも「普通の人」だ。どんな強い敵もワンパンチで倒せるサイタマは、趣味でヒーローをやっているのだけれど、その圧倒的に強くなった理由が「筋トレ」と「ロードワーク」だけなのだ。

「**ただ普通の努力をしただけだろ！**」と言われたサイタマは、「**いや、そういうのが案外大変なんだよ**」と返す。

ヒーローの根拠が「生まれ」とか、「魔法のアイテム」とかではなく、「普通の努力」という、すごい話なのだ。

『ワンパンマン』はアニメ化され、今や世界的な人気作品になろうとしているのだが、作者のONE君もこれまた若く、「普通の人」だ。

映画や漫画の世界はすでに「自分は特別」信仰を続けるおじさん、おばさんをスルーして、先に進みはじめている。

▼地上に降りた『スター・ウォーズ』

「自分は特別な存在で、他の人間とは違う」という感覚を決定的にしたのが、77年の『スター・ウォーズ』エピソードⅣからであるのは、前述のとおり、ほぼ間違いないだろう。

自分は特別で、選ばれているから大丈夫で、他の人は選ばれていないんだから仕方ないよね、という感覚も同時に生まれた。

『仮面ライダー』の戦闘員や、『スター・ウォーズ』のトルーパーなど、気の毒な「選ばれていない人たち」は、時代劇の「斬られ役」と同じで、いちいち感情移入はされてこなかった時代が続いていた。

ところが、世代も入れ替わり、時代の気分は「いやいや、自分らは普通の人間だし、それのどこが悪いんですか？」というふうになってきた。

そんな空気の中、くだんの『スター・ウォーズ』の最新作エピソードⅦが公開となった。

僕は子供時代から高校3年にかけて、リアルタイムでスター・ウォーズ初期3部作の衝撃を受けた世代なので、ワクワクしながら公開を待っていた。しかし、何よりも心配だったのは、若手監督が引き継いだ新シリーズが、「スター・ウォーズらしさ」を意識し過ぎて、「時代遅れの印象」にならないかということだった。

何しろ、「フォース」を操る特別な存在が「ジェダイ」で、そんな「特別な人たち」ばかりが出てくるのが『スター・ウォーズ』シリーズなのだ。

そして、公開の日が来て、僕の不安は杞憂《きゆう》に終わった。

まず驚いたのは、主人公のひとりがトルーパーの脱走兵なのだ。選ばれていないどころか、数字とアルファベットで呼ばれるイチ戦闘員なのだ。

ほぼひとりを除いて、出てくる人はみんな「普通の人」で、「フォース」とか「ジェダイ」なんかは神話の世界の話だと思っている人たちなのだ。

そこに旧シリーズからのキャラクターが出てきて、「フォースはある」と言うのだ。

こうなるともう、「君は本当は王子で、魔法が使えるんだよ」みたいな都合のいい話とはまったく違う。

「私たちは何もない」と思っている世代に、「いや、『何か』はあるんだ」と、言っている。

これは時代の空気を感知している若手監督J・J・エイブラムスだからこその「見事な着地」だ。

かの『スター・ウォーズ』ですら、地上に降りたのだ。

▼今の若者は夢を失っているのか？

「自分はそんな大きな夢とかないです」とか、「家は普通でいいし、車はいらないです」みたいな若者を見つけると、すぐに「さとり世代だ」とか言う人がいる。

これは戦後の「子供なら大きな夢を持って当然」主義から若者を見ていて、自分の若いころは野望を持って、それなりに夢を叶えてきたと言いたいのだろう。

もちろん、若い人の中にも「野望」を持った人がいないわけではない。

とはいえ、今のように不安定で不穏な時代に、若い世代には年長者の中途半端な野望は「ホラ話」に聞こえているだろう。

もしくは、その立場を利用して国の借金を増やし、好き勝手にやっている「邪悪な輩」に見えていてもおかしくない。

それなりの目を持って、それなりのイノベーションを生み出した人であれば、若者を「さとり」だなんて言わないだろう。

現実と向き合って、自分なりにできることを真剣に考えたら「車は必要ない」

という結論に達しただけのこと。あるいは、上の世代には到底理解できない「挑戦」に、お金をかけているケースもある。

音楽が好きでバンドを続けている僕の友人は、「お金にならないからバンドは辞めるという人が少なくなってきた」と言う。バンドのために車をやめたり、ちょっと郊外の古民家を安く借りて、そこでライブをしている人もいる。

別に世界一になろうと思っていたわけでも、金持ちになろうと思っていたわけでもない。音楽をするために「いらないもの」を切り捨てただけなのだ。

野望を抱えて上京し、抱えきれない「欲望（夢）」を満たすために闘えた、という時代は確かにあった。でもそれは、あくまでも「時代がそういう生き方を歓迎してくれていただけ」のことなのだ。

子供（お客さん）も多く、経済も上向きで、生じる問題もどうにかかわせるレベルのものが多かったのだ。

そういうすべての条件が変わってしまい、「変化に対応できないで苦しんでいる」のは、むしろ年長者のほうではないだろうか。

消えていったあのころの夢・いつ訪れるとも知れないイノベーションにすがる「変われない老人」より、現実を受け入れて欲望を抑え、できる努力を始めている若者のほうが、よっぽど賢く見える。

▼『マッド・マックス』が示したもの

２０１５年は、映画『マッド・マックス　怒りのデス・ロード』が大きな話題になった年だった。『マッド・マックス』は、世間で言われているような「バカなお祭り映画」というだけではなく、内容的に恐ろしく質の高い作品だ。神話的、宗教的であり哲学的な要素がある恐ろしい娯楽映画となっている。

その中で、自分たちが住んでいた地獄のような「砦」から逃げた連中が、「ここではないどこか」を目指そうとするシーンが出てくる。たくさんの絶望を知っている主人公・マックスは、「そんな場所はない」と言い切る。逃げた先に一縷《いちる》の望みを託している人たちに、「希望を持つな」と言い放つのだ。

「希望を持つと、それがダメだったときには狂気に変わる」と言う。「諦めておけ」という、絶望を超えて生きるための思想だ。

これは東洋の「諦観《ていかん》」で、仏教的な真理でもある。

むしろ「問題」から逃げずに向き合えば、漠然とした夢（希望）にすがろうとして生きる「不安定な人生」から解放される、ということだ。

日本の戦後史はそこにある問題から目を逸らして、目先の利益にだけ飛びついてきた歴史だ。そして国民は何度も、解決されない問題（原発、格差、災害、政治腐敗、外交圧力など）に苦しめられる。

その度に日本人は、「ここではないどこか」に逃げてきたのだ。

それは、ある時期は「映画」「漫画」「テレビ」で、別の時期は「旅」「買い物」「恋愛ゲーム」、さらに別の時期は「ネットのコミュ」であった。

それは、壊れそうな心を支える逃げ場として必要なものに違いなかった。

ただ、**逃げるのに限界を感じたら、今度は「逃げてきた問題」と戦わなければならないはずだ。**

「きっといつか大金持ちになる」とか、「最高の王子様が迎えに来る」「バブルがまた来る」とかいうそれまでの人々がずっと抱いてきた「希望」にすがって生きるのには「限界」があるということを、マックスは思い出させてくれる。

「ここではないどこか」は、「一時的な避難所」で、元気になったらまた戦えばいいのだ。

第7章のまとめ

◆イノベーションは「誰でも」はできない

◆「根拠なく勝つ」は愚か者

◆若者は地道な「努力」を始めている

第8章

「年上の努力」がすべてを変える

▼利用される余裕があるか？

「今から出てこない？」と、夜中にいきなり飲みに誘ってくる人がいる。

そんなとき、「めんどくせーなー、何時だと思ってるんだよ」とか言いつつ、呼び出されて、「実は彼女と別れてさ」なんて相談されたりすると、そんなときに頼りにしてくれたことが嬉しかったりするものだ。

こういうことは、学生時代には普通にあっても、社会に出てから時間が経つと徐々になくなってくる。実際のところこんな深夜の呼び出しは迷惑だったりするが、嫌な気もしないと思う。そして、年下の人からの「無理な誘い」だと特に嬉しい。

「お前、何時だと思ってんだよ」とか言いつつ、自分を慕ってくれたことに喜びを感じるのが年上の人間だと思う。

大人になり、家族ができたり仕事が忙しくなったりすると、そうそう無茶な付き合いはできなくなる。お互いに遠慮してしまい、結果本当に話したいことが話せないまま、何年も経ってしまったりするものだ。

これが、特に年上の義務を果たすかどうかに関係なく、同世代だけの関係になりがちになる理由だ。

こうなると、それぞれが同世代としかつながらず、何か問題が起こって解決するのに知恵も情報もコネも限定されてしまう。

年上の人間は教えたいし、年下の人間は助けを求めているのに、うまくマッチングしないのはなぜなのだろう。

それは、年下の人間が遠慮していることも大きいが、何よりも年上の人間の器の問題だと思う。

「あの人に電話したら機嫌悪くなる」とか、「どうせ否定されて説教みたいになるよな」とか、「結局最後は自慢話で終わるし、話なんか聞いてもらえない」とか思われていたら、年下からの誘いなんかくるわけがない。あったとしても、仕事上のメリットを考えた上での戦略で誘ってくるくらいのものだろう。

「先輩が媚びるものじゃない」とか、「いいように利用されるのはゴメンだ」とか器の小さいことは言わず、ここは「飲みに誘いたくなるような寛容さ」を身に付けるべきだろう。

年下の人間に「利用されても平気」くらいの度量さえあれば、世代間の断絶は解消されていくだろう。

とはいえ、上の世代に対する年下世代の不信感はものすごく深刻だ。

先輩に対する感謝と尊敬を常に心がけようと思っても、現実の社会があまりに若者に不寛容な上に、二面性があり、中身が腐っているのを見てきているからだ。

4年制大学を出ても、正社員になれない人が当たり前になった。ようやく就職が決まったとしても、過酷なブラック企業であることも多い。そこまではいかなくても、サービス残業は当たり前で、気がつくと精も根も尽き果てた状態になっている。

とにかく上司や先輩が幸せそうにしていないことが、働く人から希望を奪ってしまう。

つまり若い人ほど、年上の人間や社会に不信感を持っていて、気持ちにも余裕がないのだ。

だからこそ、少なくとも年上の人間には、「利用される余裕」くらいは必要だろう。むしろ、年上の人間は年下に試されている。

そして、本当は年下のほうも、「寛容で頼りになる先輩」を待ち望んでいるのだ。

▼年下と関わる前にすべきこと

「年上は敬わなくてはいけない」というルールをこのまま続けていくなら、本音を言えば「敬うに値しない年上の人間」には考えを改めてもらいたい、と僕は思っている。

僕が漫画家になりたい、という夢を持って努力していた時代、応援してくれていた人もいたけれど、多くの人が「そんなの無理だ」と嘲笑していた。

それが同級生ならまだいいが、中には教師などのいい大人もいたのだ。

そしてそういう大人に限って、途中で自分の夢を諦めたか、大した挑戦もしないで年をとっただけの「つまらない大人」だったのだ。

年上は敬え、という決まりの中で、僕は彼らにも敬意をはらってきたけれど、自分の人生をしっかりまっとうしてこなかった人間のアドバイスや意見は、はっきり言って「有害」だった。

頑張ってもこんなふうにしかなれない、という「可視化された絶望」として、彼らは存在していたのだ。

もし、年下の人間と関わるのであれば、偉そうにする前に、それなりの生き方をしてからにして欲しい。

ベストを尽くして生きてきた人間からは、いいエネルギーをもらえる。そして、それこそが、年上が年下の人間に関わってもいいという資格のひとつだ。

正直な話、僕が若いころに接してきた偉そうな大人たちは、自分は大した人生を生きていないのに、年下に説教をするような情けない人間が多かった。

「先輩だぞ！」と言うのなら、ひとつでも尊敬できるものを持っていて欲しい。

それがないのなら、せめて挑戦する人の邪魔をせず、温かく見守っていてもらいたい。

他の世代と付き合うことで得られる恩恵

日本は、特に世代によって人が分離してしまっている。極端な話が、1歳年が違うだけで完全に文化が違ってしまっていて、互いの交流も希薄だ。

同じ世代どうしというのは、共通の話題や言語感覚があるので付き合いやすいが、世界の広がりもなければ発見も少ない。そのため、「同じところをグルグル回る」ことになりがちだ。

確かに同世代の安心感はあるものの、本当に付き合ってみて面白いのは年齢が離れた人間だと思う。

最近、自分に付き合いが多いのは、15歳以上年の離れた連中だ。

そもそも、僕はアシスタントと友人関係になることが多いので、自然と若い世代との付き合いも多い。

そうなると、さまざまな世代の価値観や言語感覚、流行なんかが、同世代のものとはかけ離れているのを目《ま》の当たりにして、本当に面白い。

同時に、最新の情報が得られて人間関係も広がるので、その恩恵は計り知れない。

年上の人との付き合いもそこそこあるのだけど、こっちの恩恵は別の意味ですごい。

自分より年上の人の経験や知識は自分を引き上げてくれるし、何か挑戦したいと思っているときは、さまざまなかたちで応援してくれる。

そんなのは煩わしいし、面倒だといって、楽な同世代とばかり付き合っていると、人生は確実に先細りになっていく。

新しいものが入ってこない人生は、新展開がない退屈なドラマみたいになるのだ。

オフラインの老人

他の世代と交流がない人は、「他の世代の人間」を「いないもの」と認識していることがある。

もしくは、他の世代に関することを、すべて「関係ない」と思っている。就職難や少子化、非婚化、利用しているデバイス、政治問題、環境問題、教育問題と、多くのことに対して、自分には関係ないと「ないこと」にしてしまってはいないだろうか？

ところが、あらゆる問題が、本当は自分と無関係ではなく、何らかの形で関係しているのだ。

仮に自分はすでに正社員で子供がいないから、就職難は関係がないと思っている人がいるとする。しかし、就職率が低いということは完全失業率が高いということで、失業保険の支払いが増えれば、国全体としてマイナスになる。

また、少子化で将来の「負担」をしてくれる若者たちがいなくなれば、自分たちが当てにしている年金がなくなる。国民年金がもらえたとしても、物価が上がり、治安が悪化していくと、高齢者も安心して住めなくなってしまうだろう。

程度の差はあれど、政治、環境、教育問題はあらゆる人に直結している問題だ。それを我がことだと思えない人は、臭いものにフタをして知らんぷりしているだけにすぎない。

そして、そういう「自分とは関係ない」という壁で思考停止をしていると、これもまた「社会に必要とされない、オフラインの老人」に向かっていく。

▼世界を変えるには自分を変えろ

厳しい人生を歩んできた人ほど、年下の世代が甘えているように見え、気に入らなく思えるのも、ある意味、普通のことかもしれない。

膨大な未解決問題が山積みになっているにもかかわらず、ゲームに興じてネットに張り付く若者を見て、いらだち、叱咤《しった》したくなる年長者も多いだろう。

そんな人たちからすれば、現代の若者は、ろくな努力もしていないように見え、彼らに対して「年上の義務」なんかない、と言うかもしれない。

とはいえ、**現代の若者は、心底「年上」に絶望している。**

彼らの思いが伝わってこないのは、年上の人間には言っても無駄だから、「いないこと」にされているためなのだ。

「お前たち若い世代が……」と、いくら叱咤激励しても、すでにほとんどの年長者が若い世代に相手にされていないのが現実だ。

年下の人間に心の扉を開けてもらうためには、まず年上の人間が変わらなくてはならない。変わろうとするための努力が欠かせないのだ。

ここで、態度を硬化させたら、その人は一生「いない人」にされるだけだ。

年上の人間がそれまで固執してきたあらゆるものを見直し、害になっているものは、既得権益があっても捨て去る。

人間もシステムも同時にアップデートすれば、年下の人間はその態度を変えるだろう。

本来、年下は年上の人間を「尊敬したい」からだ。

そして、明らかに経験もコネクションも財力もある年長者が、本気で「変える」と思って行動に移したなら、この世界は最短で「良い方向」に転じるだろう。

第8章のまとめ

◆「甘え」を受け入れる余裕を持て

◆「自分と違う世代」を「いないこと」にしない

◆「世界」を変えるために「自分」を変えろ

あとがき

私事で恐縮するが、僕の親のそれぞれの実家は、それはそれは「礼儀正しい」、高貴な雰囲気のある家だった。祖父はどちらも紳士で悠然《ゆうぜん》とした佇《たたず》まいで、優しく、感情的になる人ではなかった。祖母も同じく品があって礼儀正しく、いつも笑っている人だった。

どちらの家も、お客さんが来ると深々とお辞儀をして迎え、見送るときも玄関で、時代劇の侍にするような丁寧なお辞儀をする。

そんな家で明るく寛容に育てられた僕は、年長者というだけで相手を自然と敬うようになっていった。

かつての僕にとって年上の人は「尊敬すべき存在」であり、それは身近に尊敬できる大人が普通にいたからだと思う。

そして彼ら彼女らのほとんどは、「愚痴らない」し、「威張らない」し、いつも「ご機嫌」だった。

こういう原体験があるゆえ今でも僕は、自分より年上の人が運転するタクシーに乗るのが好きではない。年上の人に運転させていることに気が引けて、落ち着かないからだ。

しかし、後に僕は、「自分がいかに恵まれた環境に生まれ育ったのか」を思い知らされることになる。学校に行くと、「年上なのに中身のない威張るだけ」みたいな人がゴロゴロいたからだ。

それでも、僕は敬意をもって彼らに対応してきたが、ある時期から社会全体に対する失望感を抱くようになり、年上の人すべてを敬うことに限界を感じてきた。

同時に、自分より年下の世代が味わっている「年上に対する幻滅」も感じるようになった。やがて彼ら年下の世代は、したたかに「年上をブロック」して、自分たちの世代だけの世界にこもっていった。

僕がこの本を書こうと決めたひとつの理由は、今の「老人中心の政治」が、経済、エネルギー、医療、環境など、すべての問題を若い世代に押しつけて、逃げ切ろうとしていることに心底腹が立っているからだ。

絶望した若い世代は年上の世代をブロックし、閉じた世界で未来に怯えている。そして、そんな世代間の溝を埋める努力を放棄し、思考を止めた多くの「旧型人間」が、次々に孤立していっている。

いっぽうで、さまざまな社会問題が待ったなしの最悪な状況に向かっていて、実際もう時間がない。

この深刻な状況を打破するためには、世代を越えて知恵を出し合い、協力していかなければならないのだ。

ここで自分たちの生き方を見直し、世代間対話のテーブルを設けるべく手を差し伸べるべきなのは、長く生きてきた年長者のほうではないか？　**さまざまな場面で実権を握る年上にも果たすべき義務があるのではないか？**　そう考えてペンを執った。

何年か前に「侍ブーム」があった。

僕は形骸化《けいがい》（ファッション化）した「侍のイメージ」が好きではないのだけど、少なくとも侍の世界には「上の者の義務」があった。

その義務がきちんと果たされるからこそ、下の人間は彼らを敬い、従ってきたのだ。当時は、上位の者に対して自然と敬意を抱ける世界だったのではないだろうか。

侍の世界に戻る必要はないが、年長者たるもの相応の「年上の義務」を実践し、年下世代が気持ちよく生活し、活躍できる環境を整えねばならない。

本書で繰り返してきたわずか３つを実践するだけで、確実に周囲の人間関係は好転し、やがては自分の人生も変わり始めるだろう。

そして何より、「年下の人たち」は、本当はこう思っている。

どうか「尊敬」させてくれ、と。

「あなたみたいになりたい」って、思わせてくれ、と。

そんな愛しい後輩たちの思いを、裏切ってはいけない。

難しいことじゃない。
ただ、楽しそうに生きている姿を見せればいいだけだ。
年を重ねても楽しく生きている人がいるだけで、年下の人たちは救われるのだ。
そして、いつも僕は、「そんな先輩たち」に救われてきたのだ。
今度は「僕たちの番」なのだ。

文庫版　あとがき

実のところこの「年上の義務」で選んだ3つの義務は、それほど斬新なものではない。割と昔からスタンダードな「人としてのマナー」の範囲だ。「ご機嫌で、愚痴らず、威張ったりしない」なんて人はある程度の徳がある人であれば普通にいたと思う。

とはいえ、昔の人達はみな「年上の義務」を守っていたかといえばそうでもない。むしろ今よりひどかったのではないかとも思う。

過酷な時代

「昔は良かった」と語られる事は多いけど、近代は相当過酷な時代でもあった。

成功するための情報は自分で摑み取らなければならなかったし、検索ひとつで便利な解説動画なんかが見つかるわけでもない。

大人達は若者の気持ちを鑑《かんが》みる余裕などなく、日々生きていくのに必死だった。

そんな時代は、長きに亘って「若者は先達を観察して勝手に学ぶものだ」という発想があった。そんな時代の価値観を抱えた人の中に「不機嫌で愚痴が多く威張っている」人が多いのも仕方ないのかもしれない。

既得権益というゴール

近代以降の日本はあらゆる意味で「自力」が試される過酷な競争が日常化していった。

そしてその過酷な世界で人々は「安定」を求めて「既得権益」に群がった。

その資格条項はまず「高学歴」の獲得から始まる。子供を持った親の多くが「それがないと我が子の人生は不安の中で生きる事になる」と感じたのだと思う。

なので、子供は「他人の事などほっといてまずはいい成績を獲得して名門校に入る」、それだけのために生きるのが正解だと親に言われる。

この「言い尽くされた陳腐な言説」は残念ながら現実で、深い後遺症をこの国にもたらした。「エゴイズムこそが人間の本質」という極端に単純化した思考だ。「エコロジー奨励」や「弱者救済」などの「優等生的発言」に対して、即座に「偽善者」と冷笑する人達の態度がまさにそれだろう。

それは明らかに「受験後遺症」であり「感性の劣化」だ。「功利的であること」「強者のみが正義」などと信じている人達がこの国には溢れている。

残念ながら日本はそういう国になってしまったのだ。

どうでもいい病

「結果のみ」を求める思考は楽だ。特にそれが、経済的利益など「数値化」されたものであればあるほどその思考は単純になる。昔のドラマで出てくる「金さえあればいいんだ」という単純さだ。

そしてそこに絡んでくる複雑な事象に関しては「どうでもいい」という態度で

思考停止する。

「高く売れる魚がいたら誰よりも先に捕まえて売るのが正しい」みたいなノリで、そこには「捕り尽くしたら魚は絶滅する」という「不都合な話」は相手にされない。


もちろん「持続可能な資源の保護」に尽力している人達もいるのだが、「そんな呑気な事をしてると他国に盗《と》られるぞ」という人達の声も大きい。「とにかく結果」の世の中で「魚の絶滅問題」は「どうでもいい」に入れられてしまう。過酷な時代を生き抜くためには仕方ないというのかもしれない。

しかし、「幸福論」の観点で見ると、この「どうでもいい」という病は深刻だ。

人生の面白さは「どうでもいいこと」の中に多く含まれるからだ。

スポーツの試合で誰かに肩入れして泣いたり叫んだりしている人達は、何もお金がもらえるから肩入れしているのではない。そこに「数値化できない価値」があるからハマるのだ。

野鳥やら昆虫やらにハマっている人も同じく、「儲かる」とは無縁の苦労をしつつ「無限の面白さ」に感動している。

この本で語った「年下の人間」も同じだろう。

彼らを「どうでもいい」と思って見ていると、その素晴らしさはわからない。

彼らは「あの頃の自分」でもあるし「未来の人類」でもある。心のなかに広大な内宇宙を抱え、悩んだりのぼせ上がったり……誰かを思って泣いたりもしているのだ。

まだ生きている「彼らの感性」は、この世界の矛盾に傷ついている。結果主義のこの世の中では、「天才的な能力」のある若者しか評価されないからだ。

僕はそういう人達を「どうでもいい」とは思えない。

あなたもそうだろう。

この本を最後まで読んでいる人なら、若い人達を「どうでもいい」と思ってはいないと思う。あなたの「感性」は死んではいないのだ。

生き返れ

この「年上の義務」という一見シンプルなビジネス書に見える本書の本質は、「面倒な部下への対処法」などではなく「生き返ること」にある。その昔「そんなの関係ねえ」というギャグが流行ったけど、本当は「すべてに関係がある」のだ。

「ぶっちゃけ金だろ」と、単純化した功利主義の檻《おり》の中で幼稚な理論武装を続けていても、待っているのは「殺伐とした孤独な日々」でしかない事は、近年多くの国民によって証明済みなのだ。

すべてが自分と関係していて、自分を愛してくれていることに気づけばもう大丈夫だ。

雨は平等に降り注ぎ、呼吸も許されている。生きていることに気がつけば、あとはご機嫌に誰かの話を聞こう。

相手を尊重すれば残りの人生も悪いようにはならないのだ。

２０２３年12月

山田玲司

知恵の森
KOBUNSHA

年上《としうえ》の義務《ぎむ》

著　者 ── 山田玲司（やまだ れいじ）

2024年　2月20日　初版1刷発行

発行者 ── 三宅貴久
組　版 ── 萩原印刷
印刷所 ── 萩原印刷
製本所 ── ナショナル製本
発行所 ── 株式会社 光文社
東京都文京区音羽1-16-6 〒112-8011
電　話 ── 編集部(03)5395-8282
書籍販売部(03)5395-8116
業務部(03)5395-8125
メール ── chie@kobunsha.com

ISBN978-4-334-10218-0　Printed in Japan

光文社文庫

江戸川西口あやかしクリニック5

ふたりの距離

藤山素《もと》心《み》

光　文　社